Idea man

Idea man

Ideaman

考える訓練

日本王牌律師的
七門邏輯思考與說服傳達課

從整理思緒、精準表達到解決人生大小問題，
一生都受用的思考訓練

日本王牌律師、伊藤塾補習班負責人、
創下日本二十年來司法考試合格率第一知名講師
伊藤 真——著

李貞慧 譯

【前言】

思考，才能在沒有正確解答的世界中生存

你是否曾為自己膚淺的想法而煩惱？是否曾經有被人徵詢想法，卻只能說出空洞的內容，而覺得丟臉不已的經驗？或者當時明明經過思考後而認為正確的，可是事後卻後悔「當初自己怎麼那麼膚淺」？

每次一有什麼事，我們總是被要求「自己想」。

這是因為不論是在學校或是職場上，大家根據經驗都知道會自己想的人，

才能發揮能力。事實上，準備期間短還能考上司法考試（譯按：相當於臺灣的司法特考及律師考試二合一的考試制度）的人，或是活躍在職場上的人，我想大概都具有良好的「思考力」。

話雖如此，我們到底要如何思考才是呢？

關於這一點，我們幾乎一無所知，甚至**從小到大根本沒有人教過我們「思考」是怎麼一回事**。

從小發生事情時，大人總是告訴我們要「自己想」，可是卻從來沒人教過我們到底要根據什麼去「想」，甚至具體來說到底應該怎麼做才好。

所以，常有人會誤以為所謂「思考」，就是等待靈感，或是利用網路、圖書去搜尋答案。

但是，這樣做一點都無法培養「思考力」。我們必須為自己進行「思考訓練」才行！

目前我是補習班「伊藤塾」（編按：目前日本最大的司法考試培訓機構）的負責人。二十年前我開設這家司法考試補習班，是為了指導想成為法律人或公務員的人們。

一路走來，我接觸到許多考生以號稱全日本最難考的司法考試為目標。在這裡，每年都有許多學生考上司法考試、司法書士（Judicial scrivener）考試或行政書士（Administrative solicitor）考試、公務員考試。

每次看到在補習班認識，而後活躍在各個領域的許多學生，我就會深刻體驗到**「思考訓練」真的比什麼都重要**。

原本法律人的工作就是——思考。

法律人的「思考」指的是什麼呢？其實就是針對「未知的問題」，「找出解答」。

在法律的世界裡，並沒有唯一的正確解答。靠著自己的力量找出答案，然後根據「事實」、「邏輯」和「言詞」來說服別人，這就是法律人的技術。

正因為法律是一門說服別人的技術，所以光是自己擅自認定「這是對的」，並沒有任何意義。

為了讓大家了解自己的解答，運用「事實」、「邏輯」和「言詞」去說服別人，這就是法律人的工作。

找他人想出的答案，不等於「思考」

法學院的學生常常犯的大錯，就是把「思考」和「尋找」這二件事搞混。

在法學院的課堂上，老師會出題給學生。因此學生上課前必須事先預習，很多學生會泡在圖書館中拚命尋找文獻或判例、閱讀學者的論文，然後想方設法地找出解答。

學生們花了一整天的時間，好不容易終於找出答案後，就會鬆了一口氣：「啊，太好了！」第二天帶著解答去上課。如果被老師點到名，自然會很高興地發表自己找到的解答，然後老師就會稱讚學生：「正確解答。你真的很認真學習。」

很多人就反覆這樣的學習過程二年、甚至三年的時間。

這種學習到底算是什麼訓練呢？其實就是「調查」的訓練。

這並非是成為法律人所需要的訓練。蒐集文獻等各式各樣的資訊，然後找出最像答案的解答，這種調查的工作，其實是律師助理，也就是法律人所聘用的祕書工作。

法律人的工作則是根據蒐集來的資訊，導出尚不存在的解答。

所以學生們花了三年時間，拚命在法學院接受成為「調查員」的訓練，好不容易畢業後進入職場成為法律新鮮人，但一開始得到的評價卻大都是「不太派得上用場」。

因為這些新鮮人對於自己拿到的課題，還是維持在學校的習慣，盡力想找出已經存在的答案。

好不容易學到許多知識，卻被人家說：「你的調查能力很棒，可是不適合當法律人。」這樣實在太可憐了。多數人之所以會犯下這種錯，說穿了應該就是因為不知道什麼是「思考」吧。

尋找他人想出的解答並不是「思考」，那不過是調查（Research）罷了。證據就是當進行調查時，你所有的精力都放在找出解答的作業上，根本沒有自己在「想」。雖然自己可能自以為有在思考，其實不過是在解答「作業」而已，根本什麼也沒在想。

如果一邊調查、一邊有在「思考」，那麼為了創造出屬於自己的全新解答，就必須有目的意識地去尋找。為了創造出還不存在的解答而去調查文獻，和為了找出現有解答而去搜尋文獻，在別人眼裡看來是一模一樣的行為，可是其實行為的內涵卻是天差地別。

改變人生的關鍵

為什麼「思考」是必要的呢？

因為——**為了生存**。

人生在世，沒有人能預知未來會發生什麼事。當發生出乎意料的狀況時，就必須要思考自己要怎麼做，才能生存下去。

所謂出乎意料的狀況，有可能是天災如大地震或火山爆發等，也有可能是國家陷入戰火中，或是公司突然倒閉等。這種時候應該如何保護自己呢？

人生中原本就充滿許多「未知的問題」。

如果平常什麼事都不會自己想，就只能聽從別人的指示，或跟著大家一起行動。可是別人的指示或大眾的意見，不一定是正確的。事到臨頭自己面對的問題只能自己解決，沒有人有責任幫你解決問題。

人生在世，不可能一帆風順，一定會面臨大大小小問題。自己想辦法克服難關、解決問題，這樣的人生才會過得更輕鬆，也才能活得更幸福。

所以只要反覆進行「思考訓練」，你就可以活得更為幸福。因為沒有人會比你自己更為自己著想。

當每一個人都會自己思考、積極主動生存，全體社會就能因此變得更好。因為積極主動生存的個人聚集在一起，互相尊重對方，組成一個社會，這樣的社會就可以朝著更好的方向成長，全體社會的幸福總量也將因此增加。

如果每一個人都放棄思考，就沒有人會去想：「為什麼會這樣？」那麼紛爭、貧窮、差距問題便可能更為惡化。或許你會以為這種層次的問題和自己無關，就算自己會思考也解決不了，可是如果每一個人都不思考，這樣的問題就完全不可能得到解決。

「思考訓練」正是你個人、甚至是社會上所有人更為幸福的關鍵。

為了活得更好，現在就開始進行「思考訓練」吧！

目錄

02 你早該知道的生活思考練習法

03

一生受用的「思考訓練」，理解、說服、溝通無往不利

04

任何人都能學會的超強邏輯「表達力」

05

提升思考「精確度」，你得這樣練

06 思考耐力愈強者，愈懂得按下「停止」鍵

07 好靈感、新創意都來自「想像力」

01

跟日本王牌律師學邏輯，躍升思考力與生存力

思考不是憑空，有方法可行

多年來，我們在學校學習各種知識以及找出正確解答的技巧。

每個人都很擅長堆砌、展現自己的知識。進入網際網路時代後，為數龐大的知識更是唾手可得。因此現今這個時代，**擁有豐富的知識已經不是一項優勢。重要的是——如何利用這些知識、進行思考。**

在「前言」中我曾提到，法律人的工作就是「思考」。法律人必須熟讀堆積如山的條文與判例，然後巧妙地加以組合排列，針對「未知的問題」從零開始仰賴自己導出解答。

針對未知的問題、「找出解答」，對於法律人來說，「思考」就是這麼一回事。在法律的世界中，並沒有唯一的正確解答。靠著自己的力量找出答案，然後根據「事實」、「邏輯」和「言詞」來說服別人的技術，就是法律人的能力。

正因為法律是一門說服別人的技術，所以光是自己擅自認定「這是對的」，並沒有任何意義。為了讓大家了解自己的解答，巧妙運用「事實」、「邏輯」和「言詞」說服別人，這就是法律人的工作。

事實上，這個道理不只是應用在法律人身上，無論是什麼樣的工作還是人生，其實都是一樣的。我們不管是在工作上或人生中，總是會面臨著各式各樣的抉擇。

舉例來說，什麼樣的商品才能暢銷？哪個企劃案可以獲得客戶青睞？應該和誰一起工作？應該參與哪種事業？如果是關於人生道路的選擇，那麼就會面臨應該參加司法考試還是放棄？應該進入哪家公司工作？讀哪所大學？應該住在哪裡？甚至是跟誰結婚？……等抉擇。

直到做出抉擇前，我們一定會經由行銷、預測、比較等嘗試錯誤的過程，盡己所能地去努力。可是沒有人知道最後的結果會是什麼，就算翻遍過去所有的案例，也不知道是否能完全套用到這次的狀況。

換言之，**這是一個沒有正確解答的世界**。針對每一種狀況與案例，多方考量後做出決策，這就是商業社會的日常運作。

如果自認為這項商品一定大賣，就要把會大賣的原因，根據「事實」、有「邏輯」地用「言詞」來說服上司或客戶，甚至是向社會大眾說明，一定要說出「我要這麼做」才行。光是用想的，是無法讓別人了解的。

找出正確解答的過程，有不計其數的方法論，和各式各樣的策略。沒有人知道哪種方法論才正確，所以只能根據事實，運用邏輯性的言詞說明來表達自己找出的解答，進而說服別人。

我認為法律人常用的思考基本做法，同樣適用在其他場合。

當有人叫你「自己想」的時候，光是一動也不動地等待靈感出現，並不會有任何想法浮現。嘴上雖然說「會閉上眼睛努力地想」，結果在還想不出東西時睡魔就來了，那就沒有任何意義。

所以，第一步我們應該進行「思考訓練」。知道一些案例、知道有這樣的做法和觀點比較好了解何謂思考。

接下來，我要說明的正是「思考訓練」的基本做法。

比對新聞報導，找出你的「反對黨」

在一開始的時候，我要推薦大家利用「比較二個對立事物」的方法，做為思考的起點。

首先如果自己認為是A，就要故意朝著相反的B去想想看。這麼一來，就算自己不喜歡，自然會產生愈來愈多「為什麼會有這種想法呢？」的疑問。

因此，我建議利用「新聞報導」做為題材。現在網路上有取之不盡的新聞報導，我認為**用新聞報導進行「比對」**，就是最好的做法。

以通路遍及全日本的新聞媒體來說，如《讀賣新聞》、《產經新聞》、《朝日新聞》、《每日新聞》、《東京新聞》等，都各自有其鮮明的立場，甚至還有《日本經濟新聞》和地方性報紙等。比較這些想法截然不同的報導，就會發現那家報社的報導主張A，這家媒體則認為是B，這些差異著實有趣。

如果只看一家報社的報導，例如只看《讀賣新聞》的人，接收到的資訊就是集體自衛權是必要而不可或缺的，所以自己也會跟著這麼想。相對地，因為《朝日新聞》是站在反對集體自衛權解禁的立場，《朝日新聞》的讀者想法自然就會傾向反對。

然而**世界上絕對不是只有一種想法，也會有不同的想法、立場與看法**。所以我們可以看看二種以上不同的立場，然後自行多方比較後做出判斷。

最近可能有不少人習慣閱讀網路新聞，我希望大家在閱讀時同樣不要光看某一個特定網頁的新聞，應該積極地比較不同媒體或記者們的意見。

如果家裡很難訂閱二份報紙，那麼可以看看「讀者投書」專欄，特意看看一些和自己想法不同的報導。

人們總是習慣找出和自己想法相同的人，然後因此感到安心，「對嘛，就是這樣！」或是藉此補強自己的想法，重新確認自己的正當性。這樣的閱讀方式讀起來的確又快又順暢，自己也可以保持平靜沉著的心情。

相反地，如果選擇立場或觀點不同的文章閱讀，就很容易坐立難安，甚至感到忿怒、滿腹疑問，心裡亂哄哄的。

可能有人不喜歡處於這種狀況，但是**讓心裡不安、感到疑惑，其實正是「思考訓練」的必要過程**。因為這正是開始思考的大好機會。

換句話說，如果老想待在舒適圈，就無法進行「思考訓練」。如果真心想要「思考」，就應該**故意走出舒適圈，讓自己接收不同的訊息**。

如果覺得老是這麼做，會把自己搞得精疲力盡的人，至少在看報紙的時候，讓自己養成閱讀不同意見文章的習慣，從這樣的小地方開始著手吧！

然後再試著多去想想：「為什麼這個人會這麼想？」、「這個人身上到底發生過什麼事？」、「他為什麼會這麼說呢？」

對於自己已經接受、理解的事物，我們很難再產生「為什麼」的想法；正因為接觸到不同的立場或想法，才能刺激自己去想：「為什麼會那樣做？」、「為什麼會這麼想？」

如此一來，可以超越自身經驗，跳脫出目前為止根據自己的認知可以說明的世界，接觸到全新的想法，才可以拓展思考的廣度，想得更為深入。

從「點」看到「面」——橫向展開法

思考事物時，只要注意到「關聯性」或「關係」，就比較容易找到思考的端倪。

世上所有東西都不是單獨的存在。不論是事物、發生的事件、制度甚至是人，都一定存在著某種關係。

注意到關聯性也是讓自己學會思考的訓練之一。

例如，我很喜歡鐵路相關事物，可以說是一般人認為的「鐵路宅男」。以鐵路為例，它也不是單獨的存在。這是誰建造的鐵路？是哪個時代建造的？是哪個國家的鐵路？之所以會建造鐵路，一定是某些必然性的結果。特別是要建造一條鐵路，要花費龐大的金錢，運用最尖端的技術，所以通常和國家、軍隊有密不可分的關係。一條鐵路的發展，就可以讓我們看出許多關聯。

再舉例來說，日本的鐵路是明治時代（一八六八至一九一二年）由英國進口的產物，所以現在仍採用一〇六〇公釐的窄軌，全球標準鐵軌寬度則是一四三五公釐。但當年英國出口到日本的技術，是殖民地規格的窄軌技術，所以至今日本的鐵路網除了新幹線以外，都還是採用窄軌的火車。

窄軌列車的優點是車體較小，過彎時也比較靈巧，可是相對地也因為車體較小，所以運載量和馬力都有限。當時日本曾經一度熱烈討論是否要拓寬軌道，可是因為已經鋪設的軌道不在少數，要再重新鋪設也是一筆可觀的花費，所以最後也就不了了之。

進入大正時代（一九一二至一九二六年）後，當時的政府為了解決軌道寬度的問題，決定不拓寬軌道，而是另外新增一條寬軌。而且真的著手準備，挖掘了較寬的隧道。可是沒多久太平洋戰爭就開戰了，工程因此中斷，由日本搭同一臺火車一直到歐洲的計畫也無疾而終。

新幹線利用的就是當時挖掘的隧道和鋪設的寬軌，所以日本的新幹線才能在那麼短的工期內完工開通。

光從「鐵路」這一個切入點，只要注意到關聯性、關係，就可以將思考與知識延伸到日歐關係、外交、戰爭和國家財政等，實在非常有趣。

我相信你一定也有自己喜愛的事物。你可以針對自己感興趣的事物中，盡情深入探索其中的歷史或時代背景等相關要素。只要養成習慣，**去思考這些事物背後的歷史、政治等關係，拓展思考領域，而不是僅止於「好有趣」、「好厲害」的感想而已**，這種習慣其實就是「思考訓練」。

注意到關聯性，其實就是培養思考能力的絕佳行為。

縱向展開法，從小事練習5W1H

如果注意到關聯性，拓展思考領域的方法是「橫向展開法」，那麼相對於「橫向展開」，還有一種只注意一個對象，狂熱地「深入探索」，這種方法可稱之為「縱向展開法」。

前幾天發生了一件小事，我請祕書去幫我買三明治當午餐。他非常貼心，還一併幫我買了沙拉，而沙拉的商品名稱是「攝取沙拉鐵」。

身為鐵路宅男的我，對於「鐵」這個字十分敏感，一看到這個名稱我立刻就被吸引了。我覺得這個命名實在很有趣，於是就開始深入探索何謂「攝取沙拉鐵」。

首先，既然商品名稱是「攝取沙拉鐵」，我想它大概是強調可以補充鐵質的沙拉吧，所以仔細研讀了包裝盒，可是盒上卻沒有標示鐵質含量。

不過，盒上倒是清楚標示了卡路里是二二四大卡，也寫著一盒可以攝取到每日所需蔬菜量的三分之一。由此我雖然理解了這盒沙拉命名的用心，但因為沒有標示鐵質含量，所以我還是很在意到底是不是可以攝取到鐵質。

接下來我特地到官網搜尋，果然發現官網上有「攝取沙拉鐵」的商品。但官網上還有另一種以「攝取沙拉」為名的商品，全名是「攝取沙拉食物纖維」。

到了這一步，我的好奇心就有如野火燎原，一發不可收拾。既然有鐵和食物纖維，那再來個維他命 C 或鈣等商品也不錯吧。一想到這裡，我仔細搜尋了官網上的每個角落，可是不知為何，以「攝取沙拉」為名的商品就只有鐵和食物纖維而已。

我開始想為什麼會這樣呢？可能是因為鐵和食物纖維，可以解決許多女性貧血和便祕的困擾吧。也有可能是企業進行市場調查的結果，發現女性最想要的應該就是鐵和食物纖維。

那我吃的「攝取沙拉鐵」，鐵質含量真的比較多嗎？我進一步研讀官網，終於發現包裝盒上雖然沒有標示，但官網上的確標示出這項商品的鐵質含量。

「為什麼不標示在商品上，而只寫在官網上呢？」我又開始出現一堆問號了。有可能是因為原本必要的鐵質含量，和蔬菜等比起來實屬微量吧，所以才未標示在商品的包裝盒上，不過這僅是我的推測罷了。

只是一盒簡單的沙拉，我就可以不停地「深入探索」。這樣的探索看起來可能毫無意義，不過就「思考」的角度來看，卻是絕佳的訓練。

對於眼前的小事、小地方感興趣，你能想得多深入呢？乍看之下和自己無關的事物，你又能從中推測出多少事情呢？

無論如何，注意到關聯性、關係，然後進行橫向展開或縱向深入探索，甚或是雙管齊下，這就像是在做5W1H：What（什麼）、Who（誰）、When（何時）、Where（在哪裡）、Why（為何）、How（如何做）的練習一樣，讓自己的思考朝橫向、縱向去拓展，這就是「思考訓練」。

找出「共同點」和「不同點」

在思考關聯性、關係時，光是茫茫然地想著要「思考關聯性」，通常也想不出個所以然。此時如果自己只是單純想要「找出關聯性的種類」，就容易成為思考的契機。

換言之，所謂「思考」——我認為簡單說是「找出相互之間的關聯性種類」也不為過。

而關聯性又有許多種，例如「大小」、「包含、不含」、「正、反、合」、

「原因、結果」等。而要找出這些關聯性，最有效的方法就是「比較」。

這裡所說的「比較」，也就是找出「共同點」和「不同點」。**比較對象，然後找出共同的部分、不同的部分**；也有人稱之為「分析」。

不過我個人認為，所謂的分析——是找出共同點和不同點，並加以分類成為類型。

某個概念和另一個概念，或者是某個現象和另一個現象有什麼共同點；又有什麼不同點？試圖找出同與不同的努力，我認為正可謂是「思考」。

在法律的世界中，必須去思考這個判例和那個判例哪裡相同、哪裡不同，或是這個事件和那個事件相同與不同的地方。

如果是在政治的世界中，那麼就得去思考尖閣諸島（臺灣稱作釣魚臺列嶼）和竹島（南韓稱作獨島）的問題有什麼共通點，又有什麼不同點？北韓的威脅和中國的威脅，又有什麼同與不同的地方？

如果是要做生意，當然就要思考這個商品和那個商品哪裡一樣、哪裡不一樣，甚至是上次的合約和這次的合約有什麼相同與不同的地方。

這種比較的練習作業，可以讓我們想得更深入，我認為是培養「思考力」非常有效的手法。

二元對立下，發現第三、四個可能

如果還想更加強「思考訓練」，就可以選擇「二元對立」，也就是**以「完全相反」的事物，做為比較的對象**。亦即比較和自己立場不同、甚至是完全相反的意見，再整理出共同點和不同點。

故意去接觸對立的想法，讓自己心裡「亂哄哄」的。這也就是前文介紹過的方法。

不過這裡有一點必須注意，也就是——比較時千萬不要只是調查結束就算告一段落。如果只是比較A與B，然後列出這一點相同、這一點不同，僅是這樣做的話，你不過是一位調查人員而已。要「思考」就必須從這裡再進一步，找出你自己的解答才行。

比方說我們要比較二元對立的A和B。假設A是正向向量，B是負向向量，整理出哪些東西屬於正向向量，哪些東西屬於負向向量，然後歸納出自己的答案。

這種做法並不是要從A和B當中選擇一個做為解答，而是**在二元對立的基礎上，試圖找出第三、第四個可能性**。

舉個貼近大家生活的例子。假設A中午想吃拉麵，B中午不想吃拉麵。我們可以試著在心中把A、B這二個人當成是「二元對立」。然後找出想吃的正向因素是什麼，還有不想吃的負向因素是什麼，比較兩者後，再試圖找出自己的結論。

結論可以是「要吃拉麵」，也可以是「不吃拉麵」，或者是吃不吃都無妨。亦或者可以因為對 A 和 B 的建議都不接受，而決定「我今天不吃午餐」，或是提出另一個選擇：「要不要吃法國料理？」這些都是可能的選項。

無論如何，比較對象找出共同點和不同點，然後根據比較結果創造出屬於自己的答案。這就是思考的技術，也就是所謂的「自己想」。

「思考重量訓練」，先丟出極端的結論

當你覺得自己的想法老是差了那麼一點而不夠明確，或不知這個答案到底可不可行的時候，可以下一帖猛藥來解決。這種方法就是——徹底讓自己的想法走上極端。

故意走極端偏鋒，有時就可以看清原本模糊不清的「本質」。

我最近故意用「立憲主義」（Constitutionalism，又稱憲政主義）這個詞彙，也是一個例子。

立憲主義這個詞彙有許多含意，站在學問的角度來說，要為它下一個定義雖然有點難度，但我卻以極端的解釋，認定這個詞彙指的就是「總而言之就是用憲法來束縛國家」。這麼一來，現代社會中沒有國王，就產生了到底是誰會受到憲法束縛的疑問，於是終於看出了它的本質：憲法就是國民為了束縛國家所制定的法律。

在伊藤塾中，即使是報考司法考試的學生，我們也會指導他們：「別想著要及格，等到及格後再想。」明明是為了考試及格才來這裡學習的，卻被老師說「別想著要及格」時，學生們都會覺得疑惑。這個疑問應該可以成為學生們去思考，為什麼老師會這麼說的契機吧。

如果說出：「憲法不是法律，所以國民沒有遵守憲法的義務。」國民一定也會心生質疑，接著產生為什麼會這麼說的疑問，甚至因而關注這個議題。更可能因此，較容易到達「有義務遵守憲法的不是國民，而是國家」的本質。

一旦接觸到會讓你覺得「疑問」的極端意見，正是「思考訓練」的起點。

自己在思考的時候，也可以**試著「去除」多餘的東西，想想有沒有什麼詞彙可以表達本質，然後故意下個極端的結論**看看，這也是一種做法。

為此我建議大家可以練習想想「廣告標語」（Advertising slogan）。

要想出一個好的廣告標語，便必須了解「本質」。思考標語時，也就是將本質可視化、語言化，所以想廣告標語本身正是接近本質的行為。

這個也不對，那個也不好，反覆尋找遣辭用句的過程，其實就是接近本質的過程，可稱為思考訓練的「重量訓練」。同時為了清楚突顯出本質，走極端的下猛藥療法，有時也是一種有效的技術。

我所說的「下猛藥」，如果以重量訓練來比喻，指的應該是極為艱鉅的訓練內容。所以要找出這種一針見血的詞彙，正是頭腦訓練。

總而言之，你可以先試著說出一些極端的結論，例如：「我要活到一五〇歲」、「國民沒有遵守憲法的義務」等。然後針對自己拋出的結論，另一個自己就丟出「真的嗎？」的疑問，在內心進行爭論，一邊討論一邊加深自己的想法深度。

在這個過程中，自己的想法就會愈來愈深入，也可以鍛鍊出思考力。

將「具體的」東西「抽象化」

還有一種思考訓練的方法，就是——將具體的東西「抽象化」的方法。

舉例來說，你有一次具體的失敗經驗，那麼就要從這次的經驗中，找出抽象的法則或教訓。

我利用日常生活中常見的狀況進行說明。前幾天的一大早我就在室外演講，因此晒太陽晒到雙頰泛紅，甚至還有點刺痛。當我站上講臺，發現講話時會正對著太陽，我就想到「早知道就帶防晒乳來」，可是為時已晚。

工作人員很貼心地在講臺上為我準備了溼紙巾和水，可是沒有防晒乳。我心中不停碎唸著：「應該不會有人帶防晒乳來吧？早知道就自己帶防晒乳來就好。」可是一整個上午我還是只能乖乖地接受毒辣的陽光洗禮，直到演講結束。

等到進入中午休息時間，一位工作人員終於對我說：「下午天氣會變熱，如果您需要防晒乳，請跟我們說，我們有準備。」

搞什麼啊，原來工作人員根本就有準備防晒乳啊，早知道就開口借了。可惜千金難買早知道。

我自以為沒有人會特意準備這種東西，所以沒有對工作人員說我想要防晒乳。而工作人員也自以為上午陽光沒那麼強烈，所以用不到，我完全沒想到工作人員竟然真的會帶防晒乳來。許多的自以為，導致用心準備的防晒乳結果卻沒派上用場。

由此我得到了幾個教訓：其中之一就是明年我一定要自備防晒乳；另一個

教訓就是要向對方確認才對，千萬不要自以為是。

還有一個教訓是，如果未能好好溝通，就算是為了對方好才做的事，也會變得毫無意義。傳遞訊息一定要對方確實收到了，才算是傳達成功，如果對方根本沒接收到，就算自己認為已經傳達了，也不算是真的有將訊息傳遞出去。

雖然防晒乳不過是一件小事，可是**這個微不足道卻具體的失敗經驗，卻可以讓我學到不少抽象的學問和原則**。

我認為這也是一種「思考訓練」。如果不能從「具體的」經驗中，找出「抽象的」原理和原則，就會重蹈覆轍。因此，最好不要讓具體的經驗僅止於經驗，一定要習慣從中去獲取「抽象化」的產出。

反之亦然，有一種作業則是**將原則套用在「具體的」東西上**。

例如當「報、連、相」（凡事報告、有事連絡、遇事相談）受到大家高度重視時，便須將抽象的原則具體化，落實為自己的具體行動。判斷哪些事情用電話確認即可，而哪種事情要面對面相談等，這就是思考訓練。

思考能力差的人，大多不擅長抽象化。雖然可以舉出很多具體的事件，例如「也有那個」、「也有這個」，但卻說不出「所以呢……」的結論。也就是說這種人很擅長調查，但卻很不擅長根據調查結果創造出自己的看法、意見、想法或解答。

我建議這樣的人可以先去注意「共同點」和「不同點」，然後再擴大「共同點」的概念範圍即可。雖然我說找出共同點和不同點是分析的作業，但**集合各式各樣的共同點，然後加以整合、再抽象化成更大的共同點，這就是所謂的「整合」**。

比方說，當我們去思考男女之間的共同點是什麼時，結論為都是「人類」。那麼人類和動、植物之間，又有哪裡相同呢？結論是都是「生物」。接著再進一步去思考什麼是「生存」，什麼又是「生命」。如此這般，你可以想成是當共同點的概念範圍愈大，內容就會愈來愈抽象。

如果你認為自己不擅長將事物抽象化，那麼首先練習找出共同點和不同點。凡事「都有不同處，但也會有相同處」，去探究有沒有什麼共同點，是凌駕於外觀差異、事實差異之上的，然後再彙整為更大的共同點。

這麼做正是抽象化的技術，也能完美進行思考訓練。

「為什麼？」要懂得連問三次

不論再怎麼努力思考，總是無法想得比較深入，或永遠都只有膚淺的想法時，我有一個好方法要推薦給大家。那就是連問三次：「為什麼？」有些顧問諮詢公司甚至會教人家要連問五次：「為什麼？」不斷地深入追問。

「為什麼會發生這種事？」——「為什麼？」、「為什麼？」、「為什麼？」試著連問自己三次「為什麼？」這麼一來即使自己沒有思考的打算，也自然會想得比較深入。

舉例來說，殺人是要受懲罰的。那麼為什麼殺人要受到懲罰呢？

答案當然有很多種。假設你的答案是：「因為法律這樣規定。」那麼就再試著追問：「為什麼法律會這樣規定呢？」接著假設你的回答是：「因為殺人是壞事。」……那麼為什麼是壞事呢？就再深入探索，再問一次：「為什麼？」

雖說是「壞事」，應該也有各式各樣的說明方式。如果有人回答：「因為這個行為會奪走寶貴的人命，所以是壞事。」那麼就再試著追問一次：「為什麼呢？」

奪走別人視若珍寶的事物，可能真的是一件壞事。那麼我們先做個假設，假設有人開槍射殺另外一個人，害得他人喪命，因為奪走了一條人命，所以可以說是壞事。可是萬一開了槍，子彈沒打中任何人，又該怎麼說呢？

這叫做殺人未遂，仍然有罪必須被處罰。而依照日本刑法規定，殺人未遂和殺人同罪。法律上用的說法是殺人已遂和殺人未遂，犯下殺人已遂罪行者必須接受的懲罰，和犯下殺人未遂罪的人所受的懲罰，量刑一樣重也無妨。

就算如此還是可以追問：「為什麼？」因為子彈射偏而殺人未遂，所以並未奪走人命。如果說因奪走他人很珍貴的事物，是件壞事而必須接受懲罰，那麼殺人未遂並未奪走寶貴的人命，不就算不上是壞事？依照這樣的邏輯推論，大家應該可以注意到這種結論是有點奇怪的。

我們重回到一開始，想想什麼是「壞事」。子彈雖然射偏了，可是萬一不幸還是可能打中別人，所以危險性依然存在。開槍的瞬間就有人可能因此死亡，所以開槍是一個危險的動作，有極大的可能奪走人命，所以可說是一件壞事。

那麼接著想想，雖然開了槍，可是子彈並未擊發。這種情形又如何說呢？是因為沒有好好保養手槍，以至於子彈卡住無法擊發嗎？還是開槍前忘了裝填子彈？或者是本來開槍的人拿的就是假槍，根本無法開槍？又或者是開槍的人拿的原本就是玩具槍，只要扣下板機，就會跳出一面小旗子？到底什麼程度叫做壞，什麼程度叫做不算壞？該如何判斷「壞與不壞」？

再進一步假設，如果手槍中沒有裝填子彈，就自然科學的原理來說，根本不可能用來殺人，所以沒有危險性。那麼這種情形是否根本稱不上是壞事呢？

如果有人說，雖然用上了膛的手槍開槍，可是因為手槍本身是瑕疵品，所以子彈無法筆直地飛出去；或者是因為剛好一陣風吹來，導致彈道偏離，所以就算拿著手槍的人扣下板機開槍，也根本殺不了人，因此這個人沒有犯錯，不用處罰他。這種說法聽起來還是有點奇怪。

子彈射偏和忘了裝填子彈，這二種情形到底哪裡相同、哪裡不同？我們來深入探究二者之間的共同點和不同點。

連問三次「為什麼？」、「為什麼？」、「為什麼？」提升問題的精確性，就可以更接近問題的本質，讓自己想得更深入。

其實當你有煩惱時，這同樣是我推薦的解決之道。

舉例來說，假設現在有人對人生感到不安。「為什麼」感到不安呢？有可能是因為司法考試名落孫山。「為什麼」落榜就會感到不安呢？因為沒有本錢重考一次，因為不想看到雙親傷心的臉。「為什麼」不能重考一次呢？「為什麼」不想看到雙親傷心的神情呢？……這麼一直想下去，出乎意外地不安的地方就愈來愈少了。

正因為如此，我建議大家平常就要養成追問「為什麼」的習慣。

在我的腦海中，「因為……」已經成為我的口頭禪。自己說了什麼之後，我一定會試著在腦中對自己說：「因為……」。

希望大家都能夠養成在發言的最後，一定會加上「因為……」的習慣。就像是我們習慣早上醒來就要刷牙一樣，這麼一來，在不知不覺中你已經在實踐思考訓練了。

哲學家蘇格拉底和小孩子的共同點

老實說，最會問「為什麼」的，就是小孩子。

孩子就是由「為什麼？」組成的個體。「為什麼天空是藍色的？」「為什麼河裡面有水在流動？」「為什麼太陽會由那邊升起，由這邊落下？」「為什麼有時候會是陰天，有時候卻是晴天呢？」……。

回顧自己一路走來的經驗，小時候的我真的出口就是「為什麼」。「為什麼要睡這麼多午覺？」、「為什麼要這麼多管閒事？」、「為什麼會那麼胖？」

等。每天都生活在沒有盡頭的「為什麼」當中，可能也是因為這樣，所以我養成了問「為什麼？」的習慣吧。

雖說孩子就是「為什麼」的集合體，可是對於這樣的孩子，大人有時候也會覺得很煩。於是隨便敷衍了事，或是直接嫌他們煩人，甚至有時候還會對著孩子們發火，慢慢地他們就會覺得自己不用想答案也沒關係了。好不容易「思考」的種子才剛冒出嫩芽，結果卻沒機會成長茁壯，實在很可惜。

為了進行思考訓練，大人也必須重視小朋友所有天真的疑問、單純的「為什麼」。

尊重孩子們的「為什麼」，小孩子就不會把單純的疑問壓抑在自己心中，也不需要假裝自己已經懂了，長大後自然會成為一位會持續追問：「為什麼？」的大人。換言之，他們得以成長為一位求知若渴、誠實面對自己求知慾的大人。

希臘哲學家蘇格拉底就是一位會不停追問：「為什麼？」、「為什麼？」的人。〈蘇格拉底的申辯〉（*Apology of Socrates*）也是我最喜歡的篇章之一。

蘇格拉底的哲學理念就是不停地追問：「為什麼？」被對方一直追問：「為什麼？」「為什麼？」到最後無法回答，才終於發現自己原來並不了解真正的本質。

有人或許會因此惱羞成怒，可是「知道自己其實並不了解」這件事，正是思考訓練極為重要的前提條件。

「認知到自己其實並不了解」，這就是理智上的誠實；「想知道自己不了解的事」，這就是求知若渴的表現，這二者都是思考訓練的重要推力。

由這個角度來看，小孩子的「為什麼？」其實是項寶物。如果有小孩子問你：「為什麼？」就和他一起好好想一想吧。這樣做也可以讓身為大人的自己練習一下思考訓練。

偉大的哲學家蘇格拉底是「為什麼？」的達人，所以他可以想得很深入。

重視單純的「為什麼？」就算長大成人也不要難於啟齒，要能成為連續追問「為什麼？」的大人，正是思考訓練的不二法門。

02

你早該知道的——
生活思考練習法

思考訓練的絕佳場所——日常生活

一講到「思考」，我們腦海中自然會浮現一些刻板印象，例如坐在書桌前抱著頭，雙眉深鎖、沉思不語，好像是聰明的人在「讀書」的樣子。但是，所謂的「思考」只不過是每個人日常生活中觸手可及的行為。

如果你有運動、音樂、書籍等興趣，就可以以興趣為核心，去多方比較、橫向發展、縱向發展，拓展自己關心的範圍到各式各樣的領域，思考自然就會愈來愈深入。只要平時這樣做，自然就等於在進行思考訓練。

可以說，日常生活中到處都是思考訓練的機會。

比方說料理對某些人而言，是很花腦力的一件事。看著冰箱內的食材，想著可以變化出什麼菜色；還是為了不浪費食材應該怎麼料理；或是現有食材如何做出完美的料理等，要想的事情非常多。

打掃應該也一樣。採取什麼步驟可以更有效率；如何收納才能整齊又美觀，應該留下什麼、丟棄什麼，每個人打掃時下意識地一定會思考這些問題。

我們不需要特別去上一堂叫做「思考訓練」的課程，因為在日常生活中，訓練的題材唾手可得，也有很多讓我們思考的契機，更不乏鍛鍊的機會。

人類在付諸行動時，一定有做過某種選擇。只要在每次選擇前，養成稍微有意識地思考習慣，這樣就夠了。例如，為什麼自己會採取這種行動？為什麼會選擇這家店？……追問自己這麼做的理由，然後試著回答。

選擇行動的機會不勝枚舉，所以只要養成每次自己在做選擇時，稍微留意、想想的習慣，如此一來所累積的思考訓練次數，甚至可能多到自己都嚇一跳。每一次的「思考作業」雖然都微不足道，但積沙成塔就會出現極大的差異。

運動也是一樣的道理。只要平常勤於動動身體、爬爬樓梯，幾年下來肌肉絕對比完全不做的人更為結實。

從今天開始我希望大家立刻想想「今天午餐要吃什麼」的「理由」。為什麼不吃拉麵，而選了日本料理店？當然直覺決定要去哪家店也可以，不過我希望大家故意想想自己為什麼要吃日本料理的理由。

因為昨天吃過拉麵了，所以今天覺得日本料理比較好；還是因為今天晚餐已經決定要吃中華料理了，所以午餐就吃日本料理吧；又或者是因為朋友介紹這家日本料理店，決定去嚐嚐味道等。思考自己做出這些決定的理由，**養成「說明自己行動的習慣」**，自然有助於思考訓練。

如果是因為上次慶功宴而發現某間店不錯，決定去那裡用餐時，可試著用遊戲的方式，請大家依序提出覺得這家店不錯的理由，也是不錯的做法。理由可能有好吃、性價比高、離車站近、有話題性等，在思考理由的過程中，自然可以鍛鍊思考力。

我已經養成平常思考的習慣，所以不知不覺地在看電視時，也會針對節目內容東想西想。有時因為過於認真盯著綜藝節目，家人還很受不了我，「竟然能看那種節目看得那麼認真。」

腦海中不斷冒出：為什麼這個人會這麼說？製作人有什麼意圖，所以打造出這個節目？這個節目的觀眾群是誰？要製作這樣一個節目要花多少時間？搞笑的時間點是導演還是誰下的指示嗎？……等，只要一開始想就停不下來。

我就是這種性格的人，已到了無時無刻都在思考的程度。對我而言，**「思考」其實就跟呼吸一樣，是理所當然、再自然不過的事了**。

因此，日常生活就是我和你思考訓練的最佳場所。

成為任何瑣事都可以「亂想」的人

平常想要進行思考訓練，重點就是對任何事物都要有「好奇心」。所謂好奇心，就是對於自己不知道或是覺得不可思議的事物感興趣，而且會想知其究竟的心情。

有思考能力的人，難道不都是好奇心旺盛的人嗎？

對於想問「為什麼」、「為何」的事物，自然一定會抱持著關心。有了關心，思考自然也會愈來愈擴散。所以說，如果打算進行思考訓練，平常就要像小朋友一樣充滿好奇心。

前幾天我去銀行辦事，那天不知怎麼地人特別多，所以我出乎意料地等了很久。內心懊悔早知道要等這麼久，就會帶本書或是書稿，利用等待的時間，做些有意義的事。

不過很遺憾那天我什麼都沒帶，但即使如此，我那天還是很快樂，度過了一段很有意義的時光。因為那天有很多可以讓我去想的事。

一開始我先觀察銀行行員的動作，然後推測他們之中誰是主管；我還思考了銀行臨櫃業務的順序步驟，想到明明這樣做比較有效率等。想了一會兒後，我看到放在沙發旁的雜誌，又開始想為什麼這家銀行會選擇這本雜誌。

接著看到自己坐的沙發扶手的角度，開始好奇扶手為什麼要做成圓弧狀？這是椅子設計師的想法嗎？還有沙發布的材質是什麼？……就在我東想西想的時候，時間很快就過去了。即使必須再等一、二個小時，我一定可以繼續東想西想，不會覺得厭煩。

其實有點不太好意思，事實上我是一個靜不下來的人。最近坐電車時，我常會翻看工作文件，或是在車上打著電腦工作，不過就算什麼都沒做，也不會只坐在那裡發呆。三不五時就有人跟我說：「這樣下去你一定會累垮的。」但因為早就習慣了這樣的生活方式，我並不覺得特別累。

看著車廂內的吊掛式廣告，針對廣告內容想東想西；或觀察同車乘客，拚命想著這個人到底過著什麼樣的人生。年輕的時候，我還喜歡坐在咖啡廳裡，看著街上往來的行人，想像他們的人生。

像這樣把任何事情都變成自己關心和感興趣的對象，就會有意想不到的收穫。第一個收穫不用我多說大家也知道，就是可以進行思考訓練。如果像這樣永遠都在思考，自然可以培養出思考的能力。

另外一個收穫，就是可以發現、注意到一般人可能會錯過的小地方。曾經有人對我說：「你竟然會注意到那種小事啊！」或「你有不同的觀點，真有趣。」我想這是因為平常自己對任何事物都保持強大的關心，而且隨時會進行思考的緣故吧。

就像是孩子們蹲坐在地上，緊盯著螞蟻大軍而不覺得無趣一樣，我對任何芝麻蒜皮的小事都很關心。有時更會因此產生一般人未發現的獨創見解或想法。

仔細想想，在日常生活中其實有許多零碎或等待的時間。這樣的時間內什麼也不想，只是茫然度過，當然也是一種方法，不過**偶爾關心一些小事，讓自己天馬行空地亂想**，一定也可以度過一段有趣的時光吧。

提高說服力？先準備「三個理由」

我們可以教育小孩，如果希望大人為自己買什麼東西時，「一定要先說出三個理由」。要持續告訴他們只要可以說出三個理由，說服爸爸、媽媽或祖父母，就買給他們。

例如小孩子想買電玩，他們會先從必要性，也就是「因為電玩是必要的東西」來說服家長。接著，就會從這是一件可以接受的事的角度來進攻，「又沒有很貴，可以買吧。」

然後又會站在「電玩」和「唸書」對立的觀點，「為什麼不買給我呢？因為會減少唸書時間，所以不能買嗎？」再提出正反合的辯證，「我一定會念上一個小時的書，所以買給我吧。」以試圖說服對方。

若是從小就這麼教育孩子，說不定會培養出能言善道的小朋友，我認為這是非常重要的一環。

我想說的是，**即使在日常生活中，要說服他人、主張自己的意見時，養成「想三個理由的習慣」**，是一個好方法。

前文建議大家針對午餐要吃什麼，思考「理由」。如果想說服別人，帶別人去自己想去的店，只要在告訴別人之前，「務必想好三個理由」即可。這樣一來，應該可以增加不少說服力吧。

比方說先生和太太談判，想增加自己的零用錢時，首先就要主張增加零用錢的必要性。然後再試著說明只要運用巧思管理家計，就有可能增加零用錢。

最後再表示只不過是增加一點零用錢，這和因為零用錢太少，影響公司內部人際關係的損害程度相比，實在是一件微不足道的小事。

開會時要讓自己的企劃案過關，只準備一個理由，說服力就顯得薄弱。如果由**三個不同的角度**來說服高層，企劃案過關的機率應該就會大幅提高了。

因此只要養成「想三個理由的習慣」，就可以提高說服成功的機率。無論是小孩子的電玩也好，午餐、零用錢、開會等，日常生活中到處都是思考訓練的機會。

比較同主題或同作者的作品

如果要在日常生活中進行思考訓練，我建議大家「比較書本內容」。讀本書，然後彙整自己的想法，或寫一篇讀書心得也可以。不過如果只是這麼做，很可能只不過是一篇感想文。

我建議如果想要深入思考，可以比較同主題的書，或是同一位作者的著作。比較的同時就可以去想，為什麼那本書明明這麼說，可是這本書卻那麼說？這二者之間的共同點是什麼呢？這個人的一貫主張是什麼？

特別是**比較不同作者的同主題著作**，就思考訓練的觀點來看，十分有效。

如果是學者，明明二人的研究領域相同，用的又是同樣的研究方法，一路研究至今，有時卻會導出截然不同的結論。這是為什麼呢？這個人是什麼樣的出身背景？在做出結論前的這一段過程中，有什麼不同的地方？這其中有很多值得我們去思考的題材。前一章中提過的「比對新聞報導」，正是這樣的思考題材。

除了書本和新聞報導之外，比較電影或DVD也很有趣。明明是翻拍同一部作品，只要導演和演員不同，描述的方法就完全不同。這位導演著重這部作品的哪裡？原作和電影差在哪裡？二部電影的共同點和不同點是什麼？……等，有非常多值得思考的題材。

比較海外和日本的作品也很有趣。同樣是哥吉拉（編按：Godzilla，日本東寶株式會社製作的怪獸電影系列）的電影，日本的哥吉拉長得矮矮胖胖的，動作也很緩慢，給人一股莫名的好感；可是好萊塢的哥吉拉身材纖細、動作敏捷，攻擊力更為尖銳激進，給人更為恐怖的感覺，讓我覺得很有趣。

我也會將這種比較方法應用在會話中。

當有二個人在我的眼前聽我說話時，如果有一人邊聽邊點頭，另一人卻不表同意，這是為什麼呢？什麼樣的內容會讓二個人都邊聽邊點頭？光是聆聽者一個點頭同意的動作，也可以是我思考的題材。

和人交談的時候，不要自己沉浸在說話這件事當中，而是要**留一點餘力去觀察對方，比較聽話的人的反應**，思考「為什麼會這樣呢？」光是這樣做，同樣能培養出相當程度的思考力不是嗎？

走進「和你不合的人」的圈圈裡

我非常重視日常生活中的「不協調」。

和自己相同、或能理解自己的人在一起，就會覺得很舒適、很放心。可是如果一直讓自己處於舒適圈中，人就會鬆懈，不會特意思考。所以就要使用前文提過的「刺激自己不安、心理亂哄哄的方法」。

有時候我必須和意見相反的人對談，或不得不處於那種場合中。這時因為不知道對方會對我說些什麼，當然可以選擇不去，可是我還是會特意參加。

自己走進反對者的人群中。

這種時候連我都不禁感到緊張，萬一弄不好，還可能辯輸對方，丟自己的臉，所以事前準備很辛苦。不過即使如此，我還是會勇敢地前往。因為我認為為了出席而做的各式各樣準備，一定對未來有所助益，而且還能藉此和對方學到很多。

人與人之間的交往也是一樣。如果自己身邊淨是一些和自己合得來的人，應該可以過著心平氣和的生活。可是我認為這樣就不會進步了。

接觸和自己不同的人，就會出現和自己至今為止的經驗及認識的領域不同的東西。這種時候正是思考「為什麼？」、「為什麼會這樣？」的大好機會。

當然自己的主張可能被他人反對或是被人批評，到最後自己說不定也會動怒，不過就像前文提到的一樣，**特意去接觸「對立的東西」，刺激自己發想，更可以有效地鍛鍊思考力。**

所以我會盡可能地接觸各式各樣的人，不分年齡、性別、職業、祖國、國籍……等。不過話雖如此，如果努力過頭，變成老是和一些只要見面就讓人垂頭喪氣的人往來，就成為本末倒置了。這一點請千萬小心。

人類一旦碰到異質的事物、或混入異端的東西，就會本能地祭出防禦反應或採取因應之道。如果用人體來比喻，就像是為了消滅入侵的病毒而發燒、咳嗽等一樣。總而言之，就是會產生能源，出現變化。

我認為這樣的變化、能源，正是思考訓練時最重要的要素。

在日常軌跡中加點「特別的事」

試著去挑戰就算微不足道，但不同於過去的一些「特別的事」。這樣一來，就會催生出不協調的感覺。

以個人為例，我平常幾乎只會淋浴。所以在家中悠閒地泡澡，或住在旅館時泡個溫泉，對我來說就是極為珍貴、特別的時間。

可能是因為平常比較忙，午餐我多半都以便利超商的三明治或卡洛里美得（CalorieMate，由日本大塚製藥生產的能量補充食品）營養餅乾等果腹。如果剛好祕書幫我買的三明治中有甜甜的水果三明治，或是附有蛋糕甜點，那天我就會覺得很高興。

雖然是微不足道的小事，可是就覺得那一天好像是什麼特別的日子一樣。更別提因為工作關係，可以在外面吃午餐時。這種時候就算只是一碗平價牛丼連鎖店的牛丼，或是速食店的漢堡，我都會喜不自禁。

故意在日常生活中做一些和平常不同的小事，就可成為思考訓練的契機。有時因為**這些小事成了一個起頭，更能發揮想像力，或者是想到一些新的點子**。

不要老是一成不變，反而要故意加入一些小改變，讓生活過得有聲有色。只要這樣就夠了，我希望大家先試試再說。

我認為這樣做的必要條件，其實是健康。

不說大家也知道，如果身體和精神層面不健康，就很難進行思考訓練。當然或許有人正是在不健康的狀態下，或是累到極點時才會想得深遠；不過負面思考再怎麼深遠，也不太能積極向前吧。

一旦睡眠不足，頭腦和心理就會疲累，想不出好的點子，而且容易出現負面的想像。像是肚子餓的時候，人體無法將糖分運送至腦部，甚至可能無法好好思考。

說起來很理所當然，因為吃好、睡好可是身心健康與健全思考不可或缺的前提。

只要是現代人，我想沒有人是毫無壓力的，重要的是壓力管理，亦即如何巧妙地轉換心情，抒解、控制壓力。身體健康可謂是一切的基礎，這代表了身體健康、心理健全的人，應該比較容易有積極向前、具生產力的想法。

身心健康是思考訓練的必要條件，聽起來好像十分理所當然，不過我認為這的確是非常重要的前提條件。

03

一生受用的「思考訓練」，理解、說服、溝通無往不利

讓他人理解，才能稱為「邏輯思考」

法律是建立在邏輯思考的架構上，所以法律世界中的想法，有很多都足以做為「邏輯性思考訓練」的參考。

話說從頭，究竟什麼是「邏輯性」？

簡單說，所謂具有邏輯性，就是說明「因為是A所以是B」的時候，「因為是A所以……」的「因為……所以」的部分，足以讓人信服。

因為是A，為什麼不是C或D而是B呢？在眾多選項中為何B最合理？

為什麼其他選項就不行？思考其原因就是所謂的「邏輯性」。

當有人說：「今天肚子好餓哦，所以來吃咖哩飯吧。」的時候，只要能合理的說明為什麼不是蕎麥麵而是咖哩飯，這就是所謂的「有邏輯性」。光是「因為是咖哩飯所以是咖哩飯」，這樣並不合乎邏輯。

根據以上說明，我為「邏輯性思考」下了一個定義。所謂邏輯性思考，可說是：「有『目的』和『根據』，一起導出一定的『結論』」。

所以**邏輯性思考必須——要有「目的」，而且「結論」一定要明確才行**。為了導出明確的結論，「根據」可是決定性的重要因素。

更簡單地說，邏輯性思考就是「有根據地進行說明」。

說穿了邏輯性思考其實就是——**讓其他人可以理解的思考**。不是自以為是，而是將自己的思考方式傳達給其他人，讓其他人可以理解，這正是邏輯性思考的意義，也是邏輯性思考的目的。

就算努力去想，但想法支離破碎或是無法說明、無法讓其他人理解，這樣就太可憐了。既然要花時間去想，某種程度來說邏輯性思考就相當重要。這麼做才能整理自己的思考過程，並且容易進行驗證或修正思考的錯誤，成為想得更深入的基礎。

試著以「二元論」區分

一般人常說和歐美人相比，日本人較不擅長「邏輯性思考」。日文中有許多說法，例如「讀空氣」（譯按：意指察言觀色）、「阿吽的呼吸」（譯按：意指雙方之間巧妙配合的默契）、「互探對方的底」（譯按：勾心鬥角）等，難道不正是日本人重視感情與直覺的象徵嗎？

話說江戶時代（一六〇三至一八六七年）以前，日本好像不存在「邏輯」的概念。明治時代（一八六八至一九一二年），「Logic」這個單字傳入日本，可是原本日語中並沒有等同於這個字的單字或概念。就像是日本社會早期並沒有「自由」、「社會」或「權利」的概念一樣。

所以古人們想出的「Logic」這個字的譯文，就是「邏輯」。因此，Logical thinking 也就是邏輯性思考的方法，是由西洋傳入日本的概念。

到底什麼是「邏輯性思考」（Logical thinking）？其實就是思考時，將事物以「二元論區分」的想法。

我所說的西洋，指的就是受基督教影響的地區，以「神」與「人」這二大存在為起點，並以二元論的觀點來區分所有事物。舉例來說，就像是人和動物、人和大自然、我和你一樣。

所以像是英語等西方語言，都有明確的主語，以清楚區分自己和其他人為起點。就我的專業領域來說，就牽涉到個體確立、尊重個人的近代憲法、憲政主義。

不過在日本，人們不太會明確地區分自己和他人。就算是用到主語的時候，大概用的也都是「我們」、「大家」之類的主語，把自己低調地隱藏在大夥兒之中。日本人不像歐美習慣強調和他人的差異性，反而習慣強調自己和他人的同質性，以緊密相連的夥伴意識為最優先。

這樣的想法不只是「我和你」之間如此，「人與大自然」的關係亦然。日本人認為大自然與人類並不是對立的關係，人類是大自然的一部分。草木動物皆有生命，而且生命無輕重之分，都很重要。而且日本人認為高山、岩石、巨木等大自然之中，都有神明的存在，並試圖讓這些存在融入自己的內在。

正因為日本人擁抱一切，試圖讓這一切合而為一，所以偏好將自己埋沒在他人之間，融入空氣中，而非突顯自己的存在。因此日文中有一種說法是「讀空氣」，便是強調不去破壞整體氣氛，這正是日本的文化。

此外有一種說法認為，日文裡的「我」（わたし，Watashi）這個單字是來自「わつくし」（Watsukushi），也就是「我をつくす」（Ware o tsukusu，譯按：竭盡自我）。所謂竭盡自我就是竭盡所有一切，包含自己在內。據說代表了我就是無的意思，所以，日文中「我」的字源似乎就是我什麼也不是的意思。

相對地，西洋則有「Ego」一詞，指的就是自我。據說源自希臘語的「Egoge」，所指為「至少我是」，被當成一個單字使用。

在蘇格拉底或柏拉圖在廣場高談闊論的時代，「Egoge」亦即「至少我是」這個詞大概是滿天飛吧。

和對方討論，突顯自己和他人的差異，藉此確認自己存在的意義，這是西洋的想法。這種想法和強調我和你一樣，努力維持共同體和諧的日本文化和語言體系，本質上完全不同。

在日本「今天的月亮很美」這種說法，不是以我為主角，而是以「月亮」為主角。可是在西洋的說法，就會以「我」為起點，說成：「我覺得今天的月亮看起來很美。」

因為文化和語言體系就有如此明顯的差異，所以要日本人用二元論的觀點來想東西，或學習用明確的主語突顯出自己和他人差異的邏輯性想法，或許可說是存在著先天上的劣勢吧。

因此對日本人來說，就必須有意識地特意去這樣思考，才可能養成邏輯思考的能力。

第一步，找出你的「目的」或「問題」

我印象中的邏輯思考行為，在傳達事物給「對方」或「自己」的二種情況中，是不可或缺的行為。換言之，一種情況是為了傳達某些事物給對方，而進行邏輯性思考；另一種情況則是為了讓自己內心更為信服，而進行邏輯思考。

其中後者的「讓自己內心更為信服」，到底指的是什麼呢？

舉例來說，假設有一個情況是自己對於未來感到茫然，「該怎麼做才能找到工作？」「應該繼續讀書準備司法考試，還是應該放棄？」「應該辭職還是繼續留在這家公司比較好？」等煩惱，不知該如何是好時，為了解決內心的苦惱與難題而自我思考。

無論如何，目的都是要解決問題或課題。

在前文中我定義的「邏輯性思考」，就是「有『目的』，和『根據』一起導出一定的『結論』」。換個角度來看，其實就是針對某些課題，有根據地導出結論的一種用腦方法。

比方說，如果是為了說服別人的邏輯思考，就會有一個想說服的明確課題（目的）。因此，最重要的第一步就是**讓課題明確化**。

想傳達什麼？想怎麼做？如果沒有想做的事，一開始就不會想要進行邏輯思考了吧。

假設一對男女，是互相理解、互相表示「我喜歡你」的戀人關係，這時就不需要講求邏輯。因為，戀人之間應該沒有必要找出「為什麼這麼喜歡對方」

的邏輯根據。光靠感情和感受就可以充分傳達自己的想法，並且相互理解，當然沒有必要特地找出邏輯性。

然而當二個人之間意見不合時，即使這二個人的關係是戀人或夫妻，也必須要有邏輯。

例如妻子想外出工作，可是丈夫卻反對妻子外出工作。這種情形就無法光靠感情或感受來傳達想法。就算感性地表示：「我明明這麼為你著想，為什麼你不能了解。」對方還是無法了解的。

此時就要運用某種程度的邏輯，找出對方能理解的共同概念或詞彙等，說服對方。如果不這麼做，只是全盤否定對方的想法，對方不但不能理解，反而心裡還會留下疙瘩吧。

「邏輯性」的相反就是「情緒性」。

當然有很多事情可以透過感情來傳達，而確實有些情況這樣就夠了。因此，我們必須依照時間和場景，區分哪些情形邏輯性思考比較好，而哪些情況應該重視感情或接受度。

總而言之，如果沒有明確的議題（目的、主題、中心思想等有很多種說法），邏輯性的思考作業就沒有意義，而且也沒有任何必要了。

因此**進行邏輯性思考時，必須有很明確的目的，例如想要做什麼、想要傳達些什麼等**。

在法律的世界中有「問題事實」的說法，先搞清楚問題在哪裡，可說是邏輯思考的必要第一步。

再來，導出「已知」或「未知」的結論

在找出問題事實——課題（目的）是什麼後，最重要的就是「結論」。有時候一開始就已經知道結論，但有些時候未必如此。

針對某些事情想要說服對方時，通常都已經事先知道結論是什麼。

舉例來說，顧問通常一開始就已經看到結論。在做簡報時也會很明確地說出結論，如「請採用這個企劃案」或「請選用這項商品」等。但是另一方面，像是人生相關課題如「到底應不應該換工作」，就無法事先知道結論。

因此進行邏輯思考時，就必須先搞清楚：「已經有明確的結論，還是結論並不明確」。

如果已經有明確的結論，目的就是要讓對方理解這個結論，所以最重要的就是「提出根據」。所謂提出根據就是說明原因，在這個狀況下，想出可以讓對方信服的原因，就能稱得上是「邏輯性思考」。

另一方面**若事先不知道結論，思考時基本上就是先針對課題分析現狀，一邊找出原因，同時試著搜尋各式各樣的可能性**。

導出結論後，就必須在某個時機點「當機立斷」。為了果斷做出決定，就必須有其標準與判斷基準，這些標準必須對照各式各樣的事實，進行檢討。

例如考慮應不應該換工作時，首先就是要分析現狀。

先想想自己為什麼想換工作。是希望領更高的薪水，還是想要更多屬於自己的時間，又或是想從事社會評價較高的工作，亦或是追求抽象性的成就感或價值？總而言之，你一定是因為某些目的才會想要換工作。

所以這些「目的」就是判斷的「標準」。

如果你的目的是「想領更高的薪水」，這就是判斷的根據，只要套用這個標準，分析二家公司的薪水，比較哪家公司薪水較高即可。

一般來說標準不會只有一項，所以要反覆進行這種分析，來評估事實狀況。如果以這個標準來看是加分的，以那個標準來看是減分的，最後再進行整體判斷，以加分最多的狀況果斷做出決定。

說服最大關鍵——找出共有「標準」

由分析現狀開始，一直到達到目的為止的過程，如果連自己都不能信服，就不可能成為結論。向他人說明時，如果對方不能信服這個過程，不能理解你使用的標準，大概也就無法說服對方。

再舉另一個例子來看看，例如關於換工作，假設先生想換工作，但太太卻反對。

先生必須讓太太理解自己導出這個結論的過程，並說服太太這個標準是正確的。然後再套用如果換到新公司上班，大概會是這種結果的事實，讓太太對先生的評估產生共鳴，就可以說服太太，讓她也認為「換工作比較好」。

這樣的過程不只適用在事先不知道結論的情形，同樣適用於已經有了結論，要說服對方的時候。只要倒推自己不知道結論時的邏輯思考過程，再加以說明即可。倒述自己所經歷的思考過程，讓對方重複經歷一次這個過程，更可以增加說服力。

無論如何，重要的是課題和目的，亦即問題是什麼，以及想導出什麼樣的結論並提出根據。提出根據也就是說明原因。

思考時是否有能讓自己信服的根據？要向他人說明時，是否能根據對方也能信服的根據進行說明呢？所謂的「邏輯性思考」其實就是這麼一回事。

我們常說的「沒有邏輯」，就表示跳過提出根據的階段，只提出結論，但並不知道為什麼變成這樣的理由（根據）。

如果對方說出：「那只不過是你自己這麼想的吧」、「你自以為是」、「聽不懂你要說什麼」等，就是最好的證據，表示對方並未接收到你提出根據、找出原因的思考階段，也就是你們之間並沒有共同的認知。

「邏輯思考」最必須要鍛鍊的部分，正是**懂得思考找出可和對方共有的根據、原因**。

意識到「結論」、「根據」與「證據」

在法律人的世界中，最重要的是「結論」和「根據」。因為裁判時必須做出有罪還是無罪、原告勝訴還是敗訴的結論。再者為了讓雙方都能信服該結論，提出根據的部分就很重要。出示結論與根據，可說是法律不可或缺的要素。

不過，據說很久很久以前的法律，是讓犯罪嫌疑人把手伸進很燙的熱水中，根據有沒有燙傷來判斷有沒有罪；或者是烤龜殼，看龜殼龜裂的情況來判斷是否有罪。

現在聽起來覺得很不可思議，不過這就是當時的判決根據。當時的人們對於自己連看都沒看到的事件，不可能知道犯罪嫌疑人到底是不是犯人，這是人類的極限。如果只有老天爺、神明才知道真實狀況，那麼就來聽聽神明的意見吧。這就是當時法律人的想法。

龜殼如果裂成這樣就是有罪！如果有這種共同的標準做為根據，那麼在群體當中，就能說服大家「這是神明的旨意」。

不過若當事人不能接受這種結論，或群體中有人無法接受。要讓這些人認同「這個人有罪」，就有進一步說明的必要，這就是「證據」。

近代法最大的特色，就是根據「證據」判斷結果。如果是根據證據來判斷，不相信神明的人也能接受。只要出示證據，依照一定的根據說明為什麼會導出這個結論即可。

那麼什麼是「證據」呢？用犯罪事實簡單來說，就是指該犯罪事實所留下的痕跡。假設犯人用刀刺殺被害者，那麼犯人所拿的刀子上就會留下指紋。檢警就會採集刀上的指紋，幾個月後做為呈堂證供，讓法官據以判斷結論。

或者犯人在犯罪現場留下腳印，檢警就會取腳印模型，或是拍照存證，然後呈上法庭，由法官來判斷。

如果有目擊證人作證：「我看到了。」那麼證人的記憶就是過去事例的痕跡。只要超越時空，在法官面前出示這些痕跡，法官就會根據這些證據，推測出過去的事實，認定「這個人殺了人」。

所以根據證據判斷的過程，就是在任何人都可以接受的形態下，導出一定結論的過程。

比方說沒有拿刀，刀上自然不會留下指紋。所以可以根據刀上的指紋，推論出犯人曾經拿著刀子，這是大家在日常生活的經驗中，都可以理解並接受的因果關係法則。裁判就靠著這種標準與根據的累積，進行下去。

在這個過程當中，有時也會出現不同的標準和根據。例如，雖然的確要拿著刀子才會留下指紋，可是說不定也有可能是他並沒有拿著刀子，而是某人用了一些方法讓他的指紋出現在刀子上。

或者是他雖然拿著刀子，可是並不表示一定是他拿著刀子刺死人。說不定這把刀是他平常在家中常用的刀子，卻被真正的犯人拿出去作為殺人凶器也說不一定。

所謂的裁判，就是像這樣提出別的根據或因果法則，反對看起來很有道理的結論，試圖用另一種結論來說服別人的過程。因此，裁判過程本身便是具有邏輯的說服過程。

法律就是一連串的邏輯思考訓練。

我在日常生活中也常常自問自答，「那個根據是什麼？」、「結論是什麼？」

好像時刻都離不開這種思考方式。

和別人交談時，我也會**一邊尋找雙方都能理解的「標準」，一邊交談**。這麼一來，我的思考速度就會愈來愈快，判斷也愈來愈快，行動時愈來愈有自信。雖然偶爾求神拜佛也不錯，不過我想訓練邏輯思考的效果更是不可限量。

精準傳達、共享結論最有力的武器

此外，有一句話和「邏輯性思考」十分相似，那就是「理論性思考」。不過，這二者雖然很像，其實是截然不同的二件事。

理論性思考，就像是已經有個一定的「理論」，然後套用這個理論去深思。

而邏輯性思考指的則是有一個「目的」，然後一邊找出根據、一邊自行導出結論的過程。在邏輯思考這件事上，重要的是找出根據。至於為什麼重要，則是因為有一個大前提存在——對方和自己是不同的存在。

因為自己和他人不同，所以無法傳達也是理所當然的事。不說明清楚就無法傳達，溝通時最好用這樣的前提來思考。

因此，為了深入思考到雙方都有共同理解的程度，順利傳達自己的想法給對方，就必須思考有邏輯。結果到後來，我們追求的邏輯思考，其實就是為了尊重他人。尊重對方的立場、站在對方的角度，所以才會採用邏輯思考並加以說明，以求讓對方完全了解。

人們之所以認為法院判決或法律是邏輯性產物，正是因為每個人都是不同的個體，有時也會對立，所以必須要有邏輯性的標準存在。

這麼一想就可以知道辯論和邏輯性思考也不太一樣。辯論是分出勝負的世界，但邏輯思考的目的不是分出勝負。倒不如說**邏輯性思考是以如何才能和對方共享為目的，比較類似說服，為了讓對方能夠信服而展開行動**，所以目的是追求邏輯性地傳達自己的想法。

邏輯思考絕對不是為了在口頭上贏過對方，或強迫對方接受自己的立場而存在，其實反而是對他人溫柔的表現。這一點大家務必銘記在心。

自己和對方原本就是不一樣的存在。沒有一個人和自己完全相同，所以要找出共同的標準，互相靠近。

04

任何人都能學會的
超強邏輯「表達力」

法律人都在用的思考法——IRAC

前文提過在法律的世界中，重要的是「結論」和「根據」；而另外一件重要的事則是「IRAC」。

很多人或許對這個字感到很陌生，一直以來，這都是我在伊藤塾教授的思考方法。而且我認為這套方法不光適用於法律，在任何場合都是非常有用的。

「IRAC」是以下幾個字的第一個字母：

・「I」……Issue：**問題點、課題**。

・「R」……Rule：**法規**。
・「A」……Application：**套用**。
・「C」……Conclusion：**結論**。

明確指出是什麼「問題」，解決這個問題所需的「法規」又是什麼，然後這次事件的事實是什麼，將該事實「套用」在規則中，然後導出結論。

換個角度來看，就是對於課題，採用「大前提」（法規）、「小前提」（套用）和「結論」的「法律三段論法」。

比方說以 Issue（問題點、問題事實）來說，就相當於「這個人應該被處以殺人罪嗎？」

Rule 指的則是殺人者應受到懲罰的法律、刑法。

Application 則是將殺人這件事「套用」到規則上。這麼一來，就可以得出這位被告應該受到懲罰的 Conclusion（結論）。

如此這般，套用案例就比較容易了解吧。

如果套用「法律三段論法」，就有殺人必須受處罰的法規，這是大前提；然後有這位被告殺了人的具體事實，也就是小前提，然後把事實套用在法規上，就會導出這位被告應該受懲罰的結論。

在伊藤塾中，我們會徹底教育學生「讀判決文時要意識到IRAC」、「寫法律文件時要根據IRAC的原則書寫」。「法律三段論法」雖然有普及的趨勢，但在日本提倡IRAC的地方仍舊有限。所以大家如果能熟記這個原則，應該很有幫助。

從報告、發言到解決日常問題都適用的原則

養成以IRAC的思考習慣後，邏輯思考能力應該就會飛躍性成長。例如在公司向上司報告或在會議中發言時，只要遵守IRAC的原則說明，就會是具有邏輯、條理的報告。

商場上雖然沒有人明確說出這個道理，但事實上大家都理所當然地在執行IRAC。**商場上解決問題的基本手法，首先就是要弄清楚問題或課題為何，然後分析現狀，考慮原因後擬定對策**，這正是IRAC的循環。

舉例來說，有一個課題是「想賣出幾萬個某商品」。然而分析現狀後發現在市中心賣場並未達成目標，這是為什麼呢？要找出原因。

找出的可能原因，如店內陳列位置不對、店員教育不足、原本有進貨的店面就少等，接著謀求對策。像是針對市中心商店勤跑業務、徹底教育店員讓他們了解等對策，就是解決這個問題的結論。

此時IRAC的I就是「想賣出幾萬個某商品」。

R就是現狀分析，「在鄉村賣得好，但在市中心賣得不好」。

A則是分析造成這種現狀的原因，如「店內陳列位置不對」等。

最後的C則是「針對市中心商店勤跑業務」的解決辦法。

或者你也可以試著用IRAC的手法，向妻子提出「請增加我的零用錢」的訴求課題。

首先是I，提出問題事實：「請增加我的零用錢」。然後針對為什麼必須增加零用錢，提示由成功者的實際案例找出成功共通原則R，再試著實施A，將共通原則套用在自己微薄的零用錢上，最後再出示C。

試著說服妻子這麼捉襟見肘的零用錢無法拓展人脈，也無法投資自己，難以飛黃騰達。

雖然有時我們可能下意識地使用IRAC，但是從今天開始，讓我們明確意識到IRAC，試著據以思考、去說服別人吧。

只要有意識地執行IRAC，一定可以強化邏輯傳達的訓練。

以「二元論」思考的邏輯訓練

法律本身就是邏輯。法律世界的思考方法，對於在現實生活中進行邏輯性傳達訓練極為有效。其中之一就是「二元論」。

所謂「二元」，指的就是構成事物根本的二種主要、不可缺少且獨立的元素。而「二元論」則是以二個對稱的原理，去理解事物的思考方法。比方說善與惡、精神與肉體等，**分成二個對稱原理進行思考**。

其實法律的世界全都是建構在「二元論」之上。

這是因為法律一定要決定到底有罪還是無罪，也就是一個非黑即白的世界。它和由 0 和 1 組成的電腦世界一樣，不存在情感與曖昧，都是只有邏輯的二元論世界。

我是全日本第一位使用 YES、NO 的二元論流程圖，來說明法律的人，三十多年前還被認為是劃時代的說明。當時很多人確信法律是靠條文成立，或是內含情感的成分等，而我則是像數學公式一樣，利用「線」來說明法律。

那時的法律學者十分反對這種做法，當我把流程圖給他們看的時候，還受人批評：「法律才不是那麼冷冰冰的東西，而是更具有人情味。」

不過，法律論本身必須具有邏輯性。如果不以是、否進行整理，就無法在裁判中做出判決，也無法制定法律。坦白說，法律如果不能用是、否來說明，原本就是一件奇怪的事。

當我這麼說時，某次就遭人反駁：「哪是這樣，有時也有三種可能性啊。」

所謂三種可能性，指的是有ABC三種選擇的情形，不過其實這也可以分成二選一的組合，也就是A和非A、B；和非B以及C和非C三種二選一的組合。

其實電腦程式也是根據這種原則編寫而成。若電腦完全是二元論的世界，我認為法律一定可以如法泡製，所以試著利用流程圖說明民法、刑法等法規。

的確在現實事件中，存在著灰色地帶的問題。以殺人事件為例，這個人到底是不是故意的，存在著灰色地帶。但是在裁判中，還是必須以一些根據，判斷在哪個部分有故意或沒有故意。

如果有故意，就朝這個方向進行；如果沒有故意，就朝那個方向進行。假設沒有故意，接下來就要判斷是不是過失。如果是過失就屬於過失案件，然後進行下一步流程；如果沒有過失，就會得到無罪的結論。

現實的世界混沌不明、曖昧不清。法律可說是要將這麼不清不楚的東西，轉換成二元論。為了做出判決，就必須就故意還是非故意，二者擇一做出決定。

在裁判的現場偶爾會聽到這樣的案例，據說殺手用菜刀殺人時，會將刀刃放平刺入人體。因為如果不這麼做，刀刃可能會被肋骨卡住，無法直達心臟。由這個角度來看傷口，也可以知道殺人者是不是故意殺人。

換言之，不論當事人如何主張事態曖昧，事實也就只有故意和非故意二種可能性。「不知道是哪一種」的話，就無法做出判決。幾乎所有的法律，在「不知道是哪一種」的時候，都會判斷成沒有故意。也就是說法律的世界一定是二元論的世界，如果不這麼做，這個世界無法成立。

所以我們要訓練自己用二元論思考，不要老是想著動之以情。

再舉個例子來說，如果你有一個無論如何都希望被採納執行的企劃，不要再說：「我覺得可以」、「我一定會努力的」這種話。把企劃的優缺點、現在執不執行的意義價值……分成二種來思考。這麼一來，也比較容易取得他人的理解，主動地推行企劃案。

將腦海中的思緒「寫下來」

要進行邏輯性傳達訓練，有很多種具體的思考方法和做法。接下來，要介紹我平常的方法。

首先第一個建議，就是讓「思考可視化」。

「把想到的事情寫成文章」，就是很棒的思考可視化做法。畫成圖表或圖畫也都是可視化的做法。如果不將思考可視化，思考就會在原地打轉。

其實可以說邏輯性傳達訓練，是從思考可視化開始的。

我是便條狂，隨身攜帶小本便條紙，只要**想到什麼會立刻寫下來**。坐在電腦前時，同樣在電腦裡建立一個名為「便條」的檔案，然後把想到的關鍵字都累積在檔案中。

話雖如此，可能有人一開始不知道要寫些什麼才好。這種時候可以試著寫寫「So what」（＝所以呢）與「Why so」（＝為什麼呢）。

「為什麼想這麼做」、「是為了什麼要這麼做」就是「Why so」；而「這麼做會怎麼樣」、「所以呢」則是「So what」。

我們舉個例子來看，比方說工作需要製作傳單。那麼「Why so」就是為什麼想要製作及發放傳單，試著把這麼做的原因寫出來。

而發了傳單之後會怎麼樣，這就是「So what」，寫下想得到的結果。只要搞清楚「Why so」和「So what」，何時、什麼時間點、要以誰為對象、製作什麼樣的傳單才好，具體的內容就會顯而易見。

只是茫茫然地想著「製作傳單吧」，不可能成為有效的促銷推廣。平常就要**將「為什麼會這樣」、「所以呢」放在心上，把自己的相關思考化為文字可視化**，就可以清楚看出邏輯條理。

寫成文字是最簡單的可視化做法，不過我想畫成圖表也是一種好方法。例如整理成樹狀圖，有時做成表格也可以進行各式各樣的分析。

例如把自己吃過的餐點，分成碳水化合物、蛋白質、脂肪、維他命這四大類後製表，自己的飲食營養均衡與否就可以一目瞭然。光是製成一覽表，就可以變得這麼簡單明瞭，若把自己的想法也根據要素分解並製表，一定可以有一些新的發現吧。

平常就養成將思考可視化的習慣，是訓練邏輯性思考的有效做法。

想有不同觀點，你得懂「吐槽」

進行邏輯性傳達訓練時，我就會留意不要用「理所當然」這個詞。

特意禁止使用「那是理所當然的啊」、「當然是這樣的啊」的話語，這代表我平常說話時都會以雙方「沒有」共同了解的事項做為前提。即使是在可以說「大家應該都了解吧」的場合，我也不會說「這一點你們都知道了吧」，而是會故意再說明一次。就算心裡想著「這是理所當然的吧」，我還是會不厭其煩地再進行說明。

不少人常掛在嘴邊：「這是理所當然的」、「當然呀」，但我會盡量避免。光是這麼做，我認為對於邏輯傳達訓練就是很大的幫助了。

比方說對於孩童或年輕人，我們常常不自覺地說：「那原本就是理當如此啊！」或者是「原本就是這樣啊！」、「你連那種事情都不知道嗎？」可是這麼一來，我們的思考就會在原地停滯不前。

以前在電臺的孩童諮詢時間中，無著成恭先生（譯按：日本禪宗僧侶，知名教育家）或永六輔先生（譯按：日本知名電臺主持人、藝人、隨筆作家）都曾提出很棒的回答。像他們那樣絞盡腦汁回答聽眾，孩子們都非常開心，應該也是很好的邏輯性思考訓練吧。

另外，如果老是只和相同業界的人交流，就很容易陷入「理所當然」的羅網中，只會在共同理解的前提下溝通。這麼一來就不會有新的發現，也愈來愈不知道要去懷疑這個前提。我想大家應該都聯想得到自己類似的經驗吧。

在讀書或看電視時，我甚至建議大家勇於「吐槽」。不要只是呆呆地看著播出的新聞或戲劇，而是想著找出吐槽的地方，這也是一種邏輯思考的契機。

以前有一個電視節目《短劇55號的為什麼會變成這樣？》節目中藝人萩本欽一常常會吐槽：「為什麼會變成這樣？」很抱歉這是一個年代久遠的例子，不過我所謂的吐槽，指的大概就是這樣的感覺。

你可以在看電視時，試著像這樣吐槽、質疑：「怎麼可能是這樣啦？」、「然後呢？」把吐槽當成自己的習慣。一一吐槽你的所見所聞，也是很有趣的做法。用玩遊戲的心情進行，就會變得很愉快。

然後等到你的吐槽和別人的吐槽不太一樣時，就表示你已經可以用不同的觀點來看事情了。而且因為你總是能提出尖銳的意見或吐槽，說不定別人也會對你刮目相看。

試著去懷疑，不要照單全收、人云亦云，這也是「思考訓練」的一環。

穿梭「抽象」和「具體」的說服利器

法律可說是穿梭在「抽象的法律」和「具體的事例」之間。在法律以外的場合，同樣可以進行穿梭於「抽象論」和「具體論」之間的訓練。

舉例來說，在電視上**看到一則具體的新聞時，試著將新聞內容稍微普遍化後進行思考，也是很好的抽象化做法**。反之，**當出現一般論或抽象的話題時，就試著想想具體案例是什麼**。

用比較難的詞彙加以說明，便是「演繹」和「歸納」。所謂「演繹」，就是將抽象的東西恢復成具體的事物；反之將具體的東西變成抽象的意念，就是「歸納」。

例如從「動物」這個抽象的概念，延伸出狗、貓、猿猴或長頸鹿等具體生物，這就是「演繹」。而從狗、貓、猿猴或長頸鹿等具體生物，總結成「動物」這項抽象概念，就是「歸納」。

就法律的世界來說，「殺人者受罰」是規則（法律）。Ａ殺了人，所以Ａ就必須接受處罰，這是用演繹法推論出來的結論。也可以用歸納法來推論結論，因為有Ａ、Ｂ、Ｃ殺人而受罰的案例，所以做了相同事情的Ｄ一樣必須受到處罰才行。

在日常生活中遇上需要邏輯思考的場合時，只要使用「演繹法」或「歸納法」任一種，就可以很有邏輯性地推論出結果。

再舉一次零用錢的例子，幫助大家一起想一想。

如果希望太太給自己零用錢，不要只是對太太說：「請給我零用錢。」你可以利用歸納法，表示同事A、B、C的太太都有給先生零用錢，所以對於現在上班族而言，零用錢是不可或缺的一般論藉以說服太太。

或者可以用另一種一般論說服太太：因為現在的上班族一個月必須要有這麼多零用錢，所以請太太給自己相同金額的零用錢。這種做法比光是說「給我零用錢」來得有邏輯且合理多了。

不論是「演繹法」還是「歸納法」，都是非常深奧的學問，用整本書闡述都嫌不夠。所謂的「聰明人」，我想都是可以自由地穿梭在「抽象」和「具體」之間的。

練習和不同國家、文化、生活圈的人交流

在日本文化中沒有區分自己和他人的習慣，而佛教思想也是佛就在心中，自己就是佛。所以確立個體，為了和他人對峙、說服他人，而有邏輯地思考，用根據進行說明，這種相關訓練在日本幾乎是沒有必要的。

相對地，西洋文化則有神和人二元論世界觀，及早就已經確立個體的想法。上一章也曾提到，邏輯性思考可說是在西洋社會中存活的必要技術。

當然西方語言也是為了便於邏輯性思考所創造出來的工具。試著用英語思

考或書寫，同樣有助於訓練邏輯性傳達，因為英語的使用習慣不允許曖昧不明。此外，和不具有共同文化的外國人交談，一樣可以鍛練邏輯思考。

說到這，我就想到交換禮物的場景。日本人在送出禮物時，會說：「這不是什麼好東西。」然後把禮物交給對方。如果對方是日本人，這樣的表達就足以充分傳達心意了。但如果對方是外國人，事情就大條了。說不定對方會勃然大怒，「你是看不起我嗎？」

送禮物給外國人時，如果說：「這是我精心為你挑選的禮物。」或者是「請嚐嚐這個點心，真的非常美味。」對方就會非常高興。不好好說明自己為什麼選擇這個禮物，就無法傳達自己的心意給對方知道。

以前我曾送浴衣給德國朋友，費了好大的功夫說明為什麼這是一件好禮物。當時還說了好幾個送這件禮物的理由，例如穿著輕便又吸汗，就連日本文化都一併說明了，「所以我決定送你這樣禮物。」再把禮物交給對方，對方果然十分高興。

從這個角度來看，用英語思考或對外國人說明理由，應該對於習慣邏輯思考有很大的幫助。

和沒有共同認知或前提的人交談，就必須合乎邏輯，才能傳達自己的想法。這樣想來，我已經投入三十年的時間，在教育不懂法律的人。因此我做了為數龐大的邏輯性傳達訓練，連續三十年來都在教育對「權利」、「義務」一無所知的人們，「所謂的權利就是指這種東西。」

從這個角度來看，我又再次認知到不要一直和同業使用共同語言交流，有機會和不同業界、處在完全不同世界的人交談，才是邏輯性思考、傳達的訓練。只要能夠有邏輯地傳達，對方一定可以完全了解。

05

提升思考「精確度」，你得這樣練

切割目標「最小化」，有效專注

「思考」是一個非常廣義的概念。如果在以點子和靈感維生的創意世界中，所謂的思考和以法律世界為代表的邏輯性思考便有所不同。此外只是出神地想些什麼的「思考」，又是另一種完全不同的概念。

由這個角度來看，如果用「專注力」來表達，某種程度應該可以限縮範圍。一般不太可能會有「出神地專注」的狀態，所以「專注力」可說就是意識到目標、結果、時間等要素進行思考的用腦方法。

要提升思考精確度，鍛鍊「專注力」是一個好方法。而專注力就是意識到時間的同時，也意識到目標亦即結果，是鎖定某一要點的作業。

這種作業和提升思考精確度的流程非常吻合。去蕪存菁，只專注在目標上，如此一來往往可以提升思考準確性。

本章將針對思考訓練時不可或缺的專注力，說明其鍛鍊方法。

原本注意力就容易渙散者，常常會導出曖昧不明的結論或目標。

例如，只是茫茫然地想要「增加年收入」，卻想不出什麼好的想法。若要提升思考精確度，就必須將「增加年收入」這個目標進一步明確化。

舉例來說，可以設定五年後年收入要破一千萬日圓等具體目標。這麼一來，自然就會出現更細分的小目標，如今年的年收入至少要達到幾百萬日圓比較好、現在應該做什麼對策等。**對照細分後的小目標和現在自身實際狀況，自然就可以找到具體的思考方向**，像是要填補目標和現實差距應該怎麼做才好。

能靠本業將年收入增加到目標數值，還是不可能只靠本業、必須考慮從事副業？如果要從事副業，又有哪些可能性等。不斷地重複分析、細分後，**將應專注的主題最小化**。

再舉一個例子來說明。光是茫然地想著「考上一流大學」，成績當然不會變好。首先你應該根據自己的水準，找出覺得只要努力就可以考上的大學，將其設定為目標。

決定目標學校後，再進一步分析要考上這所大學，自己現在的優劣位置，不擅長哪些科目的什麼領域，為什麼不擅長等，「將問題分切到最小」。然後再針對最小化的問題，專注在這一點上。

不擅長專注的人，通常會因為英語成績不好，就開始對英語下苦功。可是才努力一下，又覺得自己數學好像也不好，不對數學下點功夫不行，就開始努力學習數學；可是過沒多久又覺得糟了，物理還沒複習……學習過程中無法專注而搖擺不定。

因為未能將應該達成的目標、目的地切割成最小化並加以鎖定，而無法了解目前自己必須做什麼，所以導致散漫、搖擺不定。像這樣把目標明確化，就是思考訓練時有效提升專注的最佳方法。

精準思考來自於「捨棄的勇氣」

鎖定要點的過程中，最重要的是——**決定優先順序**。

在問題細分化的過程裡，會出現許多課題。像是發現自己英語、數學、物理都不好的時候，就必須排序並決定以哪一個科目為最優先處理對象。

思考難以專注者，通常會以為必須處理及思索每一件事情。每件事都想做，每件事就半途而廢，這也重要、那也重要，於是思緒到處亂飄，結果沒有一件事順利解決，只是不停地在原地打轉。

人生在世，每個人都有許多不得不去想的事情，而且這些事情幾乎不可能同時解決。因此為了專注思考，我們必須巧妙地細分課題與問題並加以整理，決定優先順序。

在決定優先順序時，必須有「捨棄」的勇氣，有決心去蕪存菁。果決且適時決定這個問題要不要先放在一旁，以後再想。

在伊藤塾裡會指導學生：「要考上就必須先集中在基礎、基本上。」我的說法是：「不去碰其他事情的勇氣。」

進入一家書店，可以看到許多參考書和問題集；再上網一查，充斥著各式各樣的學習方法、合格祕技。萬一你看了之後發現，「咦，原來還有這種學習方法啊！」或是「原來還有這種參考書。」而決定試一試，結果通常就會以失敗收場。**在資訊氾濫的現代，不被資訊牽著鼻子走，才是關鍵所在**。

雖說為了決定優先順序，必須勇於捨棄某些部分，可是所謂的捨棄，意思不是直接丟到垃圾筒，從此不再相見。所謂的捨棄，指的只不過是暫時先擱置一旁。

如果你對於暫擱一旁的東西，無論如何都很在意，那就處理完最優先的事情後，再去處理那些部分。重點要說服自己，這只不過是依照順序處理而已。

以我自己為例，一旦進入「專注」狀態，對其他東西我都可以視而不見。說來丟臉，有時候我一大早起床，會在床上脫下睡衣後，就忘了整理。如果只有自己一個人在家，睡褲真的會像是金蟬脫殼後的殼一樣，坐鎮在床上。

等我回到家，只要把腳伸進殼裡，再把褲頭拉起來，就可以穿好睡褲了，對我來說，這實在是再方便不過。如果很長的一段時間裡，家中都只有我一個人，家裡一定會亂成一團。

就我的優先順序來看，摺好睡衣、整理家務的順序，是排在非常後面的。這麼說雖然很丟臉，不過我已經徹底放棄，就讓它順其自然吧。

其實看看每個人的生活周遭，應該時常聽到這樣的事：所謂的天才，十分專注於自己的專長，以致於影響日常生活。由此看來，當你發揮超乎凡人的專注力時，其他事情好像跟你都沒關係似的。一旦能夠專注到這種程度，實在是太棒了。

也正因為有這樣的專注力，所以才能有更多的發現、發明或業績吧。

故意選出「不做的事」，丟掉它

為了專注，我捨棄了很多東西，首先就是律師活動。

最近因為一人一票（編按：日本律師團體針對眾議院選舉的「票票不等值」（一票の格差），不符憲法所追求的人人平等，主張「一人一票實現國民會議」）問題等，有許多必須上法院爭論的必要，所以我才又重新登錄取得執業律師資格。

在這之前，其實我並未去登錄成為律師。這是因為為了完成自己教育法律人、推廣憲法的使命，我決定放棄把時間花在律師活動上的關係。

律師必須接受一般人或公司的諮詢，上法院進行訴訟。所以必須撰寫訴狀或答辯書等、決定訴訟方針，有許多必須準備的事前作業。同時為了拓展客源，增加法律顧問的邀約，同樣必須花不少時間經營自己的事業。但我希望把時間花在教育事業上，專心培育法律人，因此必須捨棄律師業務。

我捨棄的東西不止這些。在公司內部因為已經培育出有能力的屬下，所以我會把部分工作下放出去。但過去不論大小事我都一手包辦，不然就會覺得不放心。每年我都會替順利考上的學生們在船上舉辦慶功宴，以往從預訂船班到選擇菜色、來賓座位安排到介紹的順序，我都必須全部檢查過才行。現在想想，當時的自己還真是厲害，竟然連這種事都親自管理。

最近我就交給員工去處理了，因為我知道自己不要插手，員工才會成長，事情才能進行得更加順利。雖然還是有不放心的地方，可是只要事情順利時稱讚屬下做得好、鼓勵他們；萬一失敗了，只要和屬下一起檢討失敗原因，不要再重蹈覆轍就好了。

其實只要下定決心捨得放手，就會變得十分輕鬆。而我也可以有更多時間去思考、專注在其他事情上。

就像是一般上班族都會有的過程，隨著自己在公司內部愈爬愈高，工作的重心就會從執行轉向管理，這是一樣的道理。

而且我也決定不在SNS（社群網站）上發言。以往我常用推特（Twitter），而且經常發表文章。只要有關注者回文，我一定會認真回覆。可是有些關注者根本無法一起討論，或是單純以激怒他人為目的者，後來我就覺得去回應這些人實在是太浪費時間了。

因此到後來，我毅然決然地和推特說再見了。雖然一定有很多人說三道四，我決定就讓他們去說吧。與其把時間花在應付那些人，不如把時間用來和意見雖然不同，但可以站在對等的立場理性對話的人一起討論，甚至是用來思考其他事情。當我做了這個決定後，頓時覺得輕鬆許多。

當然以ＳＮＳ做為傳達訊息的手段，的確有它的好處，但是缺點也很多。對現在的我來說，這種使用時間的方法效果並不好，所以我才會選擇放棄在ＳＮＳ上發言。相對地，我會優先透過寫書或演講來為自己發聲。

為了要集中精神深度思考，我認為找出阻礙自己專注的原因，並加以整理切割非常重要。

思考不要跳躍、亂按暫停

我想人腦的結構，就是在一段時間裡，只能專注思考一件事。如果有人看起來好像同時在思考好幾件事，我想那只是因為他們能瞬間切換思考回路而已。也就是先想Ａ，再想Ｂ，接著想Ｃ。

這種情形下，我想一般人會等Ａ想到一個段落，得出某種程度的結論後，再去想Ｂ。然後同樣等Ｂ得出某種程度的結論後，再去想Ｃ。不過看起來可以同時思考的人，可能在Ａ想到一半時就切換去想Ｂ，Ｂ想到一半就切換去想C，然後再回到A，直接接續剛剛中斷的地方繼續思考。

就好像是下述的這種感覺：看DVD看到一半就去看其他東西，然後再回來從剛剛中斷的地方繼續看的人，看起來是不是好像同時在做好幾件事呢？

無法專注的人，由A↓B↓C想下去，再回到A的時候，可能是回到A一開始的時候。只要按下停止鍵，再次播放時又會重頭開始。這麼一來永遠無法深入思考，只會不停地在原地打轉。

所以怎麼樣才能不回到原點，從上次中斷的地方接續思考呢？

我認為留下記錄很重要。你可以寫在紙上，也可以先做出暫時性的結論。或者是再想下去也想不出東西時，決定暫時先放棄，往前走再說。

從這個角度來看，為了集中心志，必須「想開一點」。東想西想都已經想到這裡了，不要再回頭，就從這裡繼續向前吧。能夠巧妙地切換自己的想法，就是可以同時思考多件事情的前提。

無論如何，人腦一定是想了Ａ再去想Ｂ，也就是單線前進。人類的聲音也是如此，一般來說，一個人不可能像呼麥（又稱雙聲唱法。蒙古歌唱法之一，一人同時發出二種聲音）一樣，同時發出二種聲音。

所以一次只能想一件事，是很正常的事。我們不需要因為不能同時專注在好幾件事情上，而悶悶不樂。

據說聖德太子（日本飛鳥時代政治家），可以同時聽七個人的話並做出判斷。如果聖德太子真的可以這麼做，我想他應該是在想Ａ後瞬間切換去想Ｂ，然後在下一個瞬間又切回去Ａ，並由先前中斷的地方接續去想，也就是說，他應該是一位極為擅長瞬間切換思考回路的人吧。

我的結論就是我們不要太貪心，想一次思考三件、甚至是四件事，**應該某種程度專注集中在某件事情上，等到想出一個段落的結論，再去想下一件事，**這樣才能有效地讓思考內容更為深入。

「整理」大腦思緒，指揮先後順序

要專注並持續維持幹勁，重要的是整理專注課題以外的事情。

只想「眼前」這一件事。就算很想去想困擾自己的私事，可是現在正在工作中，必須想工作方面的事情，這種時候分心去想困擾自己的私事，其實一點幫助也沒有。所以要說服自己稍後再來想這件事，或者寫在紙上說服自己晚點再想。

然後這一小時內就專注去想工作方面的事。不過午休喝咖啡時，就可以想想困擾自己的私事，分出輕重緩急。

自己必須自覺到幹勁是會浮動的，有上有下。人的心情就像是波浪，我們要盡可能縮小振波的幅度，盡量維持在波峰附近，我想這就是最理想的狀況。

我們不可能永遠幹勁十足，也不可能永遠處在波峰。某個程度來說，幹勁減少也是無可避免的。不過一下子就掉到谷底，要再爬上來就很花時間，所以重要的是不要讓自己的幹勁減少太多。

因此如果一直想著A讓你的幹勁開始下滑時，就可以在適當的時間點告一段落，切換去想B；或者是在想A時，因為太在意B的存在，而影響到想A的幹勁時，也可以試著說服自己現在不需要去想B。

重點就是——**整理自己要思考的事情**。

所謂的整理並不是只有整理房間，針對腦中思考的事情，也要進行某種程度的「交通指揮」，再度確認自己現在應該專注集中的事情。

讓「時鐘」成為你的思考教練

鍛鍊「專注力」，有些訓練在日常生活中就可以進行。例如我的一些小習慣，對於思考訓練來說，助益極大。

首先，就是「切割時間到達目標」的做法。這是我在準備司法考試等經常使用的專注法，也就是同時固定時間和數量來讀書。

舉例來說，寫試題評量時不要只是呆呆地去寫，而是要先決定在一定時間內要解出幾題，例如「三十分鐘內做十題」，然後完成這個課題。給自己一個目標，**用「數字」定出具體的時間和數量**，這麼一來就不得不專注執行。

如果「工作量＝大腦轉速×時間」的話，公式中的轉速就相當於專注力。所以要鍛鍊專注力，只要決定工作量和時間就好。沒有到期日的工作不算是工作，這是因為沒有到期日就一定會輕忽轉速和時間。

所以一開始就要先決定到期日（時間），和在到期日之前必須完成的工作（工作量）。這麼一來，自然可以決定專注力（大腦轉速），時間愈短就會愈專注。

我有一位朋友，習慣在出電梯後走五步的時間內，決定當天中午吃什麼，而且聽說他每天都會換餐廳吃午餐。定下五步之內的時間，決定思考的內容。

我說他每天這樣做，如果一年三百六十五天都能持續這樣的做法，長期累積下來，應該就是非常好的專注力鍛鍊。

最危險的心態——自以為了解

如果你要專注做些什麼事，「事前準備」就很重要。

假設有一個必須專注思考的主題，若你平常就關心這個題目，有隨手蒐集資訊的習慣，等到到了必須專注的階段，想必不會有太大的困擾。

如果有一場決定生死存亡，必須發揮專注力的企劃會議或是簡報會議，理所當然要事前做好萬全準備。想要針對主題專注思考，便必須廣泛蒐集相關書籍與資料等資訊。

因為就算要專注進行，沒有材料就無從想起。就法律世界來說，因為要使用法律概念與語言思考，當然必須有相關的素材和知識等零件。

這就好像不記英文單字，自然無法和別人用英文交談一樣。所以必須知道一千個左右的英文單字，才有可能順暢地使用英文溝通。

因此，為了專注思考，如果沒有做為「思考素材」的零件，一切都是枉然。所以平常最好養成事先蒐集素材的習慣。

而這裡所說的蒐集，不是只要蒐集就好，而是**必須「記憶」並「理解」內容，可以靈活加以組合運用才行**。要深入思考事情，對於每一個素材都必須有正確的理解。

這麼一想自然可以知道，某種程度的教養和基礎知識可說是必要的基本條件。平常不要養成不懂的事就放著不管，或假裝自己已經懂了、跳過不理的習慣。如果有「咦？」的疑問時，就要仔細查清楚。到了某天必須專注思考時，這些經驗累積就會成為萬全的準備。

不過有一點務必小心，不要讓教養或知識偏重在某一處，將自己畫地自限。**一知半解的知識愈多，就很容易受到前例的限制**，如「以前有發生過這種事。所以這麼做比較好」；或很容易被權威左右，如「名人這麼說，所以這樣是對的」等。對自由思考來說，這反而是一種阻礙。

教養與知識不過是自己思考時的素材或零件而已，絕非讓我們用來炫耀、依賴、模仿或表示權威的道具。

愈新鮮的事物，愈能發揮專注力

我建議大家「對未知的世界感到興趣」，也可說是「好奇心」。不論對什麼事情都抱持好奇心，具有樂在未知事物的態度，就比較容易專注。

這是因為經歷前所未有的體驗或挑戰全新事物時，人會發揮自己所有的力量與經驗，集中專注以求「了解」。

我經常做的一件事，就是**前往沒去過的場所時，只要有時間就盡量不看地圖，試著靠自己的力量到達目的地**。

看著電車外面的風景，想著這一邊的建築物比較多，我的目的地可能也在這一邊；或者是許多飯店旅館都臨近海邊，我要入住的飯店說不定同樣在海邊呢。看著四周的狀況，推論後再行動。

這種時候我會發揮所有的經驗、直覺或推理能力等，努力到達目的地。過程中不知不覺鍛鍊了專注力、想像力、思考力等。

我常常看著傳單、宣傳手冊的文字，想像目的地，找到這個地方後，享受想像和實際之間的落差。出國時也是，到鄉村出差時也是，只要有時間，我就會看著那個地方的照片或旅行宣傳手冊，盡可能同樣備好地圖，想像那是一個什麼樣的地方。

實際到了那個地方後，就帶著「這裡超乎想像的大啊」、「這真是個漂亮的城市啊」的心情，享受想像和實際之間的落差。自己的想像是根據到目前為止自身的經驗，擅自重新組合出來的印象，比對實際狀況，就可以知道自己是如何被框架束縛住，這麼做同樣能成為打破框架的契機。

以海外旅行來說，我想到國中時一個人前往雅典的經驗。從小只要一講到雅典，腦海中就會浮現矗立著白色大理石柱的壯麗神殿，那便是著名的衛城（Acropolis of Athens）。

當時我認為這應該是一座矗立在郊外遼闊山丘上的莊嚴神殿，可是實際去到現場，才發現這座神殿竟然是蓋在雅典市區正中央的一個小山丘上。至今我還清楚記得當時因為落差太大所受到的衝擊，「咦？竟然是在市區正中央？」

實際到了現場，才發現和自己想像的不同，這是十分常見的狀況。遇到這種事時，我習慣稍微想一下：「為什麼會這樣呢？」如此一來，應該會發現自己是如何受到先入為主的觀念或思考框架所限，也有助於突破這些藩籬框架。

世界上沒有無聊、無趣的事

「對什麼事都樂在其中的態度」和好奇心有關，也有助鍛鍊專注力。為了找出其中的樂趣，不論什麼事都認真聽、認真看，專注力自然可以獲得鍛鍊。

前文提過，看電視轉頻道時，我習慣認真觀察無意中出現的節目。就算是和我現在的工作不太有交集的節目，像是空中大學的數學數列解說等，我一樣會專注地觀看，就連中間穿插的廣告同樣如此。

新廣告當然會有新發現，但就算是看過好幾次的廣告，都還會有新收穫。

世界上沒有完全無趣的事。只不過是自己有沒有樂在其中的氣度而已。所以對於來到自己眼前的事物，只要專注、就可以樂在其中。

拍這支廣告的導演當初是如何說服這位藝人軋一角的？寫這首曲子的人，當初是看了影像之後作曲的嗎？廣告中的背景又是在哪裡拍的呢？光是想像這些事情，時間一溜煙地就過去了。

連對一支電視廣告，都充滿興趣東想西想樂此不疲，既可以鍛鍊專注力，同時有助於培養想像力。

重點就是一顆享受人生、想被感動的心。

被夕陽美景所感動、看到路邊的小花就獲得慰藉、別人的一個笑容就會打動你的心，這樣的人應該會有更為幸福的人生。其實只要「有心」，就可以從小事中找到幸福與感動。

想要靈感？先找個「聽眾」

很多人以為一個人獨處比較容易專注，其實出乎意料的是，在和別人交談時或上課中，常常會閃過全新的點子或想法。我偶爾會在演講中途，突然想到或發現一些什麼事，然後在演講中悄悄地記下來。

大概人們在產出時，專注力會提高，有助於創造出一些新點子也說不定。就像是在團體中為了激發創意而進行的腦力激盪，會催生出靈感或創意一樣，我想有人在的時候反而比較容易集中、容易深入思考。

所以就算一個人在思考，還是要有說話的對象比較好。我認為的理想狀態：身邊永遠有人，當我喃喃低語時，能適時吐槽，這樣一來思考應該更深入。

不過我專注思考的時間通常是深夜或清晨，根本不可能有人在那個時段陪著我，所以我會在內心假設有另一個自己存在，自己和自己對話。

老實說，我經常做這種像是「一個人對話」的事。

自己陳述著一件事看看，然後另一個自己就自我吐槽：「這種說法論點太薄弱了，不如這麼說吧。」或者是「這麼說別人會這樣反駁吧。」當我發覺到的時候，常常都在進行「一個人對話」。

即使在夢中我都會這麼做，所以有時候早上一醒來，我就會忙著做筆記。因為若不趕快寫下來，寶貴的點子就要消失不見了。就算在走路，我也會一個人靜靜地深思熟慮，然後在腦中自己和自己對話。

我認為與其一個人想，不如**假設一個對象和他對立**，更能專注思考。

經驗法則，可能是束縛你的框架

年紀愈大腦袋就愈僵硬，愈來愈無法彈性思考，不再像年輕的時候，一下子就可以投入一件事。如果你是這樣想的，我認為這些都是錯誤的看法。除此之外，有一種偏見則是認為因年紀太小，所以沒有專注力。

大腦應該不會因為年歲增長而變得僵硬。世界上多的是年歲雖長但思考仍然極有彈性的人，也有人年過六十還能通過司法考試。如果你覺得最近自己的腦袋愈來愈僵硬了，那應該不是年紀的關係，只是你自己讓它變得僵硬而已。

換句話說，是你**被自己先入為主的觀念或經驗束縛住了**。

年紀愈大經驗就愈多，愈容易受限於經驗法則。比方說根據自己的經驗這是不可能的，或者是過去這麼做的人沒有人成功等，受限於過去的經驗或知識，因而無法彈性發想。年紀愈大，想法愈可能無法突破經驗的框架。

如果你覺得隨著年紀增加，腦袋好像愈來愈僵硬了，只要有意識地不被經驗的框架束縛即可。只要能去除束縛自己的框架或先入為主的觀念，不管什麼時候都可以維持彈性思考，也可以產生全新的構思。

同理可證，埋怨環境也是一樣的。只要我們想找理由，絕對可以說出很多環境不好的理由，如「因為沒有地方可以讓我靜下來好好想想」、「沒有時間」、「四周太吵了無法專注」等。

可是我覺得能不能專注，好像和環境沒有太大的關係。或許有些地點或時段是比較容易讓你專注的，可是如果因為這樣，就斷定「我只有早上可以思考」，或「四周有人我就沒辦法專注」，這樣實在太可惜了。

就算只有零碎的時間，只要自己認為那是最佳時間，應該就可以專注。因為電車誤點，不得不在亂哄哄的月臺上苦等一小時的時候，光靠自己的一念之間，便可以決定這一個小時是要在月臺上焦急地等待時間流逝，還是在「太好了，我可以利用這個時間來思考」的想法下，充分利用時間。

不要用「一定要這樣才行」的框架來束縛自己，只要抱持著現狀對自己來說就是最佳狀況的想法即可。

毫無疑問，專注力是可以鍛鍊的，思考訓練亦然。

06

思考耐力愈強者，
愈懂得按下「停止」鍵

你有沒有「思考耐力」？

上一章已經針對「如何專注思考的訓練」進行說明，接下來還有一件不得不提的事：也就是有關「持續思考」和「停止思考」。

「專注思考」有瞬間傾注所有、全神貫注的層面；但還有另一種專注層面，就是長期持續思考一件事。

如果是後者，就必須有耐力。這表示雖然無法立即得出結論，但具有能夠持續思考同一件事的能力。我認為「思考耐力」同樣重要，因為只要能持續思考一件事，長期累積下來一定可以得到某些靈感。

最近有一件事我已經想了好幾個月，不論是在電車上或走路的時候，我的腦海中都一直想著這件事。

結果有一天腦中突然靈光一閃，絕妙點子「出現」了！就在我從澀谷車站走到伊藤塾途中的天橋上，我竟然想出了完美解決的好方法。我高興得都想跳起來，「對對對，如果有人這麼批評我，這麼回擊就對了啊！」

之所以能有這種靈光乍現的瞬間，其實是因為我平常就一直專注在想這件事，這個題目一直存在我的腦海中。所以就在某個不經意的瞬間，靈感出現或是找到相關線索。

就算無法立刻得出解答，憑藉著思考過程與為了思考而蒐集的資訊，一定會在將來發揮用處，因此需要有意識地持續思考才行。

我一直教導學生們，「要思考下一步」。不要被眼前的事物左右，而是要預想將來的情況，思考下一步該怎麼做。

現在認真地去想，或許無法立刻得知結果，可是一定會在未來的某個時間點發揮作用，有所助益的。只要有了一次這種經驗，思考訓練就不再是一件苦差事。目前雖然辛苦，但所有的挑戰和思考，都會是未來的養分，所以只要去享受這個過程即可。

持續思考是件很有趣的事，而且對未來有所助益。我建議你最好相信這一點，並正面看待這件事。這麼一來，思考就不再是一件難事。

發酵、暫停，有時更有效

就算持續進行思考訓練，想到腦袋都要起火冒煙了，有時也想不出個所以然來，這種時候適時休息也是很重要的。休息並不是要放棄或是停止思考，比較像是「稍微發酵一下」的概念。

暫時先擱置在一旁、改做其他；或是起身而行，無論如何先動再說。這麼一來應該就可以轉換心情，再繼續思考下去了。

先將應該處理的課題暫時擱置一下，這也是為了後續能再持續思考的訓練之一。

就結論來看，有些事情是可以解決的，有些則是解決不了。對於解決不了的事，先擱置一旁，這種暫停的方法同樣重要。

對於現在自己應該可以處理的事，思考因應之道，但對於現在想了也做不到的事，花時間去想也沒用。遇到這種時候就應該看開一點，挪到後面再處理。這麼一來，就不會因為不必要的事而在原地兜圈子。

稍微讓它發酵一下、暫時擱置，有時狀況改變或對手不一樣了，事情就有解決的可能了。而有些事情在自己成長後就可以迎刃而解。今天先不要去想，明天再想或是一週後再想也沒關係。

暫時擱置，有時是極為有效的解決方法。

順帶一提，當我在思考演講內容時，有時會煩惱不知要說些什麼、怎麼說才好。演講的內容和方法，會因為演講的規模、時間甚至是還有沒有其他講師等因素，而有所不同。

當我不知如何是好、猶豫不決時，我會先寫好原稿，然後放一、二個晚上不管它。這麼一來，問題常常就會迎刃而解。因此如果時間充裕時，先擱置一旁也是一種有效的做法。

懂得按下「STOP」鍵，比「PLAY」更重要

持續思考當然重要，可是更重要的是——「停止思考」，必須在哪個時間點做出結論、下判斷。因為持續思考本身不是目的，思考後得到結果、結論才是目的。

商場上常說：「只會想東想西的人，根本無法有良好的表現。」**如果不能在必要的時候，自主停止思考，然後整理思考內容做出結論，便無法前進**。所以必須下定決心，在某個地方停止繼續想下去。

不乾不脆地老是想著：「這個企劃案不是比較好嗎？」「那個企劃案應該比較好吧。」這樣完全無法前進，我們必須在某個時間點當機立斷。因此，**有意識地停止思考的能力其實和思考力一樣，極為重要**。

這和前文所說讓它「稍微發酵一下」是不一樣的事，關鍵在於根據自己的意志明確地停止。先確定明確的目標，然後整理截至目前為主的想法並實行，再檢討結果看看。從結果中得到一些資訊、二度思考後，再次當機立斷，這樣的循環，其實就是所謂的PDCA（Plan-Do-Check-Action，規畫〔Plan〕、執行〔Do〕、查核〔Check〕、行動〔Act〕四階段）。

在商場上，PDCA循環幾乎無所不在。人們就是不斷重複這樣的行為，才能持續成長。

總而言之，「思考力」和「停止思考力」都是人類成長的過程。總被人認為，只會想東想西的人無法有良好的表現，應該就是這個原因吧。

看著持續思考的過程與暫且做出的結論，並加以驗證，用於接下來的思考或當成思考的材料。換言之，有意識地停止思考並不表示一切就此結束，而是要在後續階段活用，這一點很重要。

思考、彙整、當機立斷，然後根據結果再次思考、彙整、當機立斷。這樣就是可以思考永續（Sustainable）的做法。

結論不應追求「最好」而是「較好的」

針對自己持續在思考的事物，當機立斷決定停止需要非常大的勇氣。在那個時間點必須做出當下的結論，可是如果一直想著要做出「最好」的結論，就很難立即決策。

所以重要的是——要以「就算不是最好的結論，只要是『較好』的結論即可」的想法，先做出一個決定。

即使這個論斷有錯或對自己不利，也是當下拚命思考後所做出的結論，一定會對以後有所助益。只要從中學習，在有其他機會時再重新思考一次，在日後活用即可。

絕對不要害怕停止思考。

舉個例子來說，假設你決定暫時停止準備司法考試。好不容易走到這一步了，現在說停就停，短期看來好像是負面的決定。可是把眼光放遠一點來看，停止做這件事，去挑戰新事物的經驗，應該對自己有更多正面的助益。

或者是下定決心繼續準備考試，結果明年還是名落孫山，你可能會想：「啊啊，早知道去年放棄就好了。」可是就算落榜，這整年的努力一定仍有一些程度的回報。說不定再考一次就會考上了，到時候你可能又會覺得還好當初沒有放棄。

我經常對伊藤塾的學生們這麼說：「考上和落榜一樣有價值。」

不論是哪一種決定，就漫長的人生來看，都有一樣的價值。所以就算現在下定決心要停止，也還有下一次的機會，絕對不會因此就結束了。不論選擇哪一條道路，都是自己深思熟慮後所做出的決定，都有其獨特的價值。一個決定也會讓自己再次成長。而且學習到的內容、有過的經驗，一定都可以成為你未來的養分。

不論做出什麼樣的決定，一定還會有下一次的，所以不需要擔心。只要這麼想，就算不是完美的結論，但因為是有意識地做出當下「較佳的決定」，就不需要過多煩惱。

下決定，才能讓你跨出下一步

提到為什麼必須做出停止思考的決定，其實答案只有一個，那就是時間有限。要前進到下一個階段必須有契機。做為一個階段的結束，當機立斷的經驗也很重要。老實說，人性就是不喜歡做決定，討厭立即決策。

有時候當機立斷必須承擔一些責任，或者是因為看不到未來而感到不安，害怕失去些什麼。如果將來獲得保證、有明確的未來，任何人都可以下決定吧。

正因為看不到未來，所以大家都無法下決定。

即便如此仍要**拿出勇氣抓緊時機、下決定**。只要有這種經驗，未來就能更有自信並獲得大幅度成長。為了前進到下一次思考、下一個主題，人必須做出「停止些什麼」的決定，向前邁進。

說穿了其實就是「下定決心」，老是逃避做決定，這樣不對那樣也不好，就不可能獲得期待的結果。

到底是繼續準備考試比較好，還是放棄比較好？到底是辭職離開這家公司才對，還是繼續待下來才對？應該和她結婚好，還是不結婚才好？

不論選擇哪一條路，心中都會不安，沒有人知道選擇哪一條路，自己的人生才會幸福美滿。既然如此，就只能下定決心、向前邁進，別無他法。

不論做出什麼選擇，只要是經過深思熟慮後的決定，對自己一定是好的，不用擔心。

只要實際體會到煩惱過後做出的決定，真的為自己帶來好處後，就愈來愈可以做出停止思考的決定。不過在那之前，必須經過充分思考才行。

利用到目前為止說明的思考訓練的想法、策略，有邏輯條理地決定到期日、專注思考，充分想個徹底。如果做出的決定是停止思考，那麼這個決定一定對自己是有所助益的。

當機立斷可以為你打開人生的下一扇窗。

07

好靈感、新創意
都來自「想像力」

「靈感」不會憑空出現，你得這樣做

想像力（Imagination），其實也和思考訓練息息相關。所謂想像力就是在腦海中想像自己所見所聞的未來，不用頭腦想根本不可能有想像力。

創意人最重視的靈感或直覺，其實也是一種想像力。這些靈感或直覺常被人以為是有一天突然「降臨」在原本就有才能的人身上，我認為事實並非如此。世界上不可能有無中生有的事。隱藏在靈感或直覺背後的，我認為是龐大的知識累積。

換句話說，靈感或直覺之所以出現，是因為大量閱讀、累積許多經驗、去過各式各樣的地方、和不同的人見面，有了大量匯入之後的結果。

不止如此，靈感和直覺必須有強烈的「想」。完全沒有任何目的，就不會出現所謂的靈光一閃。

因為經常在「想」，有追求的意識，所以龐大的知識和知識產生連結，突然激發出火花，成為靈感而出現。

如果不「想」，就算是靈光乍現，自己也不會注意到。

前文曾提及，某天我走在澀谷的天橋上，突然靈光一閃，腦海中得出我一直在思考的問題的解決方法。

靈感突然來臨，我認為是因為自己一直在想那個問題，不論是在刷牙、被窩裡、或吃飯時……我都時而模糊、時而鮮明地一直在思考這個問題。

只是被動地等待，靈感不會出現，重要的是「思考」這種「主觀的意識」。

因為一直在想同件事，持續尋找這件事的答案，因此在某天早上醒來時，才會「啊！」地一聲腦海中閃過解答。

要到達這個境界，就必須要大量閱讀，累積大量所見所聞的經驗。從一片荒蕪中產生的主意，通常也沒什麼大不了。

練習用別人的「框架」想事情

一旦受限於自己的經驗或潛意識的框架，就無法發揮想像力。所以去除這種無謂的框架，可說是鍛鍊想像力的重點之一。

話雖如此，每個人都會因為自己過去的經驗與想法，下意識打造出一個無形的框架，這是難以避免的事。

這個框架是因為人生與經驗累積而成，也是構成一個人的個性、人格、量尺或基準的東西。所以雖有框架但也無妨，只要時刻提醒自己記得跳脫這個框架就可以了。

以我為例，在我心中永遠有「憲法」這個量尺。我習慣用憲法和尊重個人的框架來看任何事物。然而社會上的價值觀並非只有這一種，會有信仰或是營利等許多框架。

至於政治，我認為應該重視每一位個人，可是也有人認為日本這個國家才更值得重視。有人會說：「如果沒有國家，個人不可能存活下去。」但說得極端一點，我認為就算日本消失了換成其他的國家，只要每一位個人活得幸福，那也無妨。不過，當然也會有完全相反的量尺存在。

所以在思考的時候，故意意識到並且去除自己心中的框架，用別的角度或觀點去看，應該可以有新的發現才是。

這麼做就是「用別人的框架來看」，換句話說，也正是「改變自己的立場」。若是想要順利轉換立場，想像力是不可或缺的。

有很多方法可以讓你採取自己以外的他人觀點，例如**站在對方的立場，想像由那個立場來看是什麼樣的狀況；或者是把自己當成第三者，退開一步後再看看**。

站在別人的角度，也就是去除自己內心的框架，改變觀點。

除了「站在對方的立場」、「站在第三者中立的立場」外，也可以拉近雙方的距離，或是拉開雙方的距離由上方向下俯瞰等。我稱這樣的做法為「鳥眼」（宏觀）、「蟲眼」（微觀），有時放大、有時縮小，自由自在地改變觀點，想像力自然愈來愈豐沛。

把自己當「鳥眼」、「蟲眼」，世界立刻不同

接著舉一個改變觀點的例子，以手機為對象，試著用各種觀點想像。如果用蟲眼微觀，可以觀察得很細，例如顏色如何、設計如何、性能如何，甚至看看機械內部，這塊晶片是否可以做得更小、那個電池是否可以做得更輕巧等。

相反地如果用鳥眼宏觀，以俯瞰的方式去看，會產生各種想法，像是誰如何用這隻手機、在店裡如何陳列、如何將它賣到外國去、和其他家電或汽車連動後會產生什麼樣的使用方法等。

對方之眼、第三者之眼、鳥眼、蟲眼……試著站在不同的立場改變觀點思考，應該就可以自由自在地發揮想像力吧。

此外按照字面上的意義，**改變觀點的「高度」**也是一種好方法。

大人和小孩子說話時常會蹲下去，讓自己處在小孩子的視線高度上。這是因為當大人和小孩的視線高度一樣時，就更容易理解小孩子的心情與想法。

我的身高足足有一百八十七公分，所以我永遠處在高人一等的高度看著世界。因此有時候我會在床上一邊滾來滾去，一邊看著房間內的樣子。這麼做可以讓我看到不同於平常的樣貌，有助改變固有想法。

平常習慣睡在床上的人，或許可以考慮在地上鋪一塊墊子睡睡看，改變視線的高度。我認為有一個晚上，可以從比平常低的位置看著天花板想事情，應該也不錯。

或是試著爬到物理上較高的位置，也是一種思考訓練的方法。

我在準備司法考試期間，每當覺得精神壓力大到快要壓垮自己時，有時我會前往東京鐵塔的展望臺看看。由東京鐵塔的展望臺俯瞰市區，公寓大樓家家戶戶看起來都像是排在一起的小豆子。

每個屋簷下、每棟大樓裡的每一扇窗內，上演著許多不同的人生和喜怒哀樂。只要當我這麼一想，就覺得自己的煩惱與痛苦實在不算什麼。站在「鳥眼」的立場，俯瞰遼闊的世界，可以讓自己更為客觀。

「改變物理性的視線位置」，是一個具有速效性的方法。當你思考碰到瓶頸或想像力無法發揮時，請務必試試這個方法。

總而言之，把自己當成「蟲眼」、「鳥眼」，可以有效地改變想法的觀點，或是設身處地站在對方的立場來看事情。

為什麼我要「把地圖反著看」？

雖然知道要改變觀點看事物，但人類就是會有先入為主的觀念，很難說改就改。特別是國家對國家、思想對思想、宗教對宗教等，要去除加諸在自己身上的框架，站在對方的立場去想，可能是一件相當困難的事。

這種時候我經常會做一件事，就是看地圖時故意把它拿反。

日本的地圖會把日本畫在世界的中心，不過如果是中國地圖，世界的中心就是中國，馬爾地夫共和國的地圖就以馬爾地夫為世界的中心。

在我發現平常不經意查看的世界地圖，其實是以自己國家為中心繪製而成的之後，我就經常把地圖反過來或是轉動地球儀。因為日本的世界地圖一定是以日本為中心，我認為至少要試著把地圖反過來看看。

這麼一來，看日本的物理性角度自然有所不同，光是這樣做觀點就能有所變動。

看地圖時試著把地圖拿反再看，想想如果是在中國看日本會是如何，以及如果是在北韓看日本又會如何……如此一來，可以讓原本只會站在自己國家的立場看事物的視野稍微寬廣一點。現在 Google 還推出地球服務，移動觀點就更為簡單了。

一提到地圖就如前文所說，每當我前往沒去過的城市時，我會故意不看地圖。這樣做可以鍛鍊想像力，從一些新發現開始東想西想，然後再對照地圖驗證解答是否符合腦海中的想像。

我原本就喜歡散步，走著走著一定會有所收穫。走同一條路也不錯，走不同以往的路更有趣。只要有時間，我就會提早一站下車用走的，同時兼顧到健康的考量。

「原來這裡竟然有這種店！」「這裡施工中，是打算蓋一棟什麼樣的建築物呢？」「被綁在庭院裡的那條狗大概幾歲了？」……邊走邊看的景色都很有新鮮的樂趣。

東京的鐵道運輸網路十分綿密，要去一個地方有許多條路可以選。如果有時間，你可以試著走不同的路線，享受不同以往的風景。

這麼做一定會有新發現，我想原本旅行存在的目的，就是為了享受這種發現的過程吧。光想到要去不知道的地方、看沒看過的風景、接觸不認識的人，就讓人興奮難耐。

就算沒有去旅行，只要平常上下班時，有時坐巴士、有時坐電車，或是早一站下車用走的，光是這樣就可以在日常生活中增添一些旅行的心情，享受新發現。

只要在日常生活中加入一些小小的變化，一定可以拓展想像力。

像個演員一樣，假裝成「別人」

為了鍛鍊想像力，以前我會和朋友一起假裝成別人，就像個演員一樣。去酒館時明明還不具律師身分，卻假裝自己是菜鳥律師。有的朋友則會說：「我是護理師。」也有人假裝成是資深編輯。讓自己扮演一個不是自己的人，是刺激且有趣的體驗。

而且不用特地上酒館，也可以輕鬆地假裝成別人。在電車上的時候，把自己當成對面坐著的那個人，試著想像一下他的人生與生活。觀察他的服裝或配件的品味，想想他的為人，推測他的職業。想像他住在哪裡、房間的樣子、和誰一起住等。

在閱讀時，你可以把自己當成是書中的主角，應該也很有趣。

電視新聞或記錄片有時會以破產公司或浴火重生的公司為主題，許多經營者此時常做一件事，就是模擬。「如果是我會怎麼做」、「如果是我會怎麼想」……。

我認識的經營者也說自己一直在想：「如果是我會怎麼做。」據說他會像這樣發揮自己的想像力，模擬自己不得不做出判斷時的狀況。

如此這般假設自己處在他人的立場，想想「如果我是他」，也是一種思考訓練的方法。

想像很重要！從想像可以生出點子，發現自己的不足之處，有更明確的未來藍圖，知道自己現在應該做些什麼。

想像力是天馬行空自由自在的，**想像力具有無限的可能性**。

現在這個時代只要上網什麼都查得到，會讓人自以為什麼都了解了。的確，就算沒有去那個地方，也可以利用 Google 地圖讓自己感受當地狀況；只要利用 Google 街景服務，三百六十度全景可以帶來身歷其境的感受。

可是實際去現場走一遭，應該會發現和自己想像中的樣子大為不同。

網路上只能取得視覺資訊，沒有任何非視覺資訊如聲音、氣味、振動等。像是行走在當地時，腳底踩在碎石子、泥土或混凝土上傳來的感覺；或是那裡的道路穿著高跟鞋很難走、穿皮鞋很容易滑等，這些全身感受到的資訊，只有親赴現場才能體會。

更別提戰爭的影像等資料，現在只要你想看，就有許多方法取得這些資料。可是這些資料絕對傳達不出戰場上實際的聲音、振動與氛圍。所以千萬不要光憑一個資訊，就自以為全盤了解了。

當你自以為了解時，也就代表你放棄進行思考訓練，放棄去想像了。這會讓你的思考變得狹隘，阻止你繼續成長。

只有身歷其境才能知道壓倒性現實感與體驗，這正是滋養一個人想像力的重要營養補充劑。

移動「時間軸」與「空間軸」的訓練

所謂想像，其實就是想像未來。移動「時間軸」，想想看如果由未來回顧這件事，會是什麼狀況；或是相反地如果由過去展望這件事，又會是什麼狀況。這種做法也可能啟動想像力。

另有一種方法是改變「空間軸」，這和站在自己以外的觀點方法，有異曲同工之妙。

例如站在中國而非日本的立場來看時會怎麼樣，或者如果站在韓國的立場會怎麼樣等，光是想像看看，就會看到不一樣的東西。

投入一無所知的世界，也是一種移動「空間軸」的做法。出國旅行時受到的感動，像是原來地球上竟然有這種風景啊、原來還有這樣的生活等，同樣會刺激想像力。

想要發揮想像力、深入思考時，這種移動時間軸、空間軸的方法十分有效。這麼做可以創造出嶄新的想法或更進一步的思考。

舉例來說，我們來看看夫妻不同姓氏這件事。目前日本的法律規定女性一旦結婚，就必須改成丈夫的姓氏。可是有人不想改姓氏，也有人覺得維持原本姓氏生活就好。所以有人提出不同意見：導入選擇性的夫妻不同姓氏制度，讓不想改姓氏的人可以不用改姓氏，這樣不是很好嗎？

這種意見一出，立刻出現反對意見。認為若夫妻姓氏不同，會破壞家庭共同體，無法守護日本的文化風俗。

那麼我們就把時間軸轉回到過去看看，過去的日本可以說一直是夫妻不同姓氏的國家。北條政子（編按：日本平安時代末期至鎌倉幕府初期的政治人物）婚後還是一直維持著北條的姓氏；篤姬（編按：江戶幕府第十三代將軍德川家定的正室）也不曾改姓德川。這應該是因為在過去的日本，大多數人都沒有姓氏，自然就不存在婚後到底要不要改變姓氏的問題了。

現在夫妻同姓氏的做法，是起自明治時期（一八六八至一九一二年）導入西洋制度以後的事了。所以政治家所謂的「夫妻同姓氏的優良日本文化」，其實不過是存在於明治時期到二戰前短短的一段期間。

如果想要尊重日本文化與風俗，那麼要尊重的應該是自聖德太子時代開始，日本一直傳承下來的「以和為貴」的和平主義吧。在西元六〇四年的年代，聖德太子的十七條憲法主張：「爭論應協商解決，不應訴諸暴力」、「每個人都是不一樣的個體，應該尊重每個人的個性」、「傾聽民意落實到政策面」等，可說是民主主義的前身。

換言之，在歐洲與中國都還處於血債血還、以暴制暴的好戰時代，日本就已經令人驚訝地提倡樹立和平國家了。如果要說日本文化，應該以承襲和平國家歷史的這一段為主軸才是。

像這樣的見解，只要把時間軸往回移，自然就可以看得出來。

我們不是要判斷正確與否，只要移動時間軸，就會出現各式各樣的看法。有沒有這樣的想像力，就會在這裡看出極大的差異。

未來，可能是最好的問題解決師

我們也可以將「時間軸」向後移到「未來」想想看。

例如近來沸騰一時的領土問題，我認為暫不處理大問題的做法，正可謂是「人類的智慧」。這是因為暫不處理是基於「人類會進化、會成長」的想法而來。現在我們的成長水準還難以解決的問題，未來因為人們更為成長，說不定可以找出更佳的解決方法。

目前的自己雖然沒有能力解決，但雙方都等到身為人類、身為國家的我們更進一步成長後再來解決，我想這就是暫不處理的理論根據。

說不定等到雙方都與時俱進，建立了真正的友好關係，說不定就不需要國界的存在了。我想像未來會出現這樣的世界。

所以暫時不處理問題，並非只是延後解決那麼簡單。仔細想想，國家之間的問題，其實很類似父母子女之間各執己見、互不相讓的情形。

在雙方的成長過程中，無論如何都不覺得應該退一步的難題，等到子女們成家立業，成為別人的父母知道育兒的辛苦後，就會了解父母的感受。而雙親也會隨著時間流逝，變得更為圓滑。父母子女終於得以和解，這樣的故事也常常在日常生活中發生。

並非所有的事情、問題，都必須現在立刻解決，有時候交給「時間」也是一種好方法。

隨著時間流逝，以未來的觀點來看，當時為什麼為了那麼微不足道的事情爭執不已啊？我相信，這麼想的時代一定會來臨。

像這樣**把時間軸往回推到過去，或向前移到未來去看事情，就可以看清楚現在必須要做的事情的本質，浮現全新的想法**。

當你必須下重大決策、必須排優先順序、說服某人時，可以試著移動時間軸和空間軸去看事情。這麼做應該可以發現過去的自己思考是多麼的狹隘。

我「思」，故我在

歸根究柢來說，所謂的思考就是「自己」所進行的行為。

自己想！聽起來是理所當然的事，可是其實這是一件非常重要的事。要思考的人並不是坐在你身旁的人，也不是你的雙親或上司，而是你自己。然而正因為「思考」是一種極為私密的行為，所以不可掉以輕心。

這是因為思考作業是根據一個人的成長經歷、經驗、記憶、活到現在所得到的所有資訊與學到的事情，所進行極為私密的作業，很難跟他人共有。

說到底每個人做為思考背景的前提不同、想法不同、喜好也不同，傳達時如果不考慮到這一點，就容易流於技術性的方法論，如「這就是邏輯性思考」、「這就是○○流的思考方法」等。

當然這些也很重要，可是就像本書所言，**思考是極度私密的事，必須活用一個人至今的人生經驗、人格、性格與各式各樣的事物**，否則就會欠缺深度與獨特性。

思考訓練奠定在自己一路走來的累積上，這樣才是真正所謂的「自己想」。

所謂的思考訓練，就是要鍛鍊自己的思考能力。那是極為主觀的行為，「意志力」同樣扮演著極重要的角色，如果沒有意願自己想，就會人云亦云。

我常常會這麼想。如果沒有自主性，以自己能做什麼的「Can」為基礎，然後靠著「Will」的力量向前邁進的話，就無法自己想。

再說得簡單一點，也就是「思考」、「想」和「感覺」的差異。

我總覺得一般人口中的「思考」，都摻雜了無意識地想或感覺。說極端一點，就好像是除了機械性地背誦這種大腦的思考過程之外，所有其他的思考過程都稱之為「思考」。如果把無意識地想或感覺，和思考混為一談，就無法培育思考力。

「思考」是有意志的行為。換句話說，就是有目的、為了某個原因去想，也可以說是有目標的行為。因為必須做出決定而思考，因為不懂而思考解答，因為想要改變處境而思考解決方案。

換言之，所謂的思考就是主觀地朝著一定的目標去累積思考之作業。另一方面，「想」不過是偶然的發現，不太摻雜主觀的意志；而「感覺」同樣是自然接受的行為，有被動的印象。

我再強調一次：思考的主體不是別人，而是自己，而要思考就必須要有目標。就算你很厲害，可以找出不知藏在哪裡的正確答案，或者是很會蒐集彙整他人的意見，這些都不是思考訓練，也不會讓你幸福。

就算只能提出幼稚而拙劣的答案，也要用自己的頭腦去思考。**反覆進行的思考作業，就像是重量訓練一樣，可以逐步地鍛鍊出思考力。**

為了什麼而思考？你的目標是什麼？你的夢想是什麼？你想要傳達些什麼？你想要過什麼樣的生活？

思考可以給你一個幸福快樂的人生。

【結語】

思考，是開啟幸福的契機

我有一個夢想。

這個夢想就好像是我的口頭禪，說過很多次、也寫過很多次，在此我要再重複一次。

我的夢想就是增加社會幸福的總量，讓日本成為人權先進國家、體貼先進國家、和平先進國家。

基於身為憲法理解者的責任感，我自詡為日本憲法的傳道師，積極從事演講、寫作等活動，同時窮我一生希望能實現這個夢想。

一路走來我很幸運，能遇到許多貴人。這當中我有一些感觸，經過思考訓練洗禮的人，擅長自己思考的能力，也就是所謂「頭腦很好」的人，風評良好，非常活躍。

能根據自己的意志累積思考訓練者，不但能得到周圍他人的良好評價，也十分能認同自己的選擇與人生。看不到猶豫徬徨的地方，甚至看起來神清氣爽，讓人肅然起敬。

相反地，無法自己思考的人、缺乏思考力的人，就很難存活下去。因為他們不去思索思考訓練的重要性，常常在不知不覺間自己就已經陷入進退兩難的狀況中。

舉例來說，宏觀地來看人類社會存在著戰爭、核電廠等問題。因為思考訓練不足，我們不能說沒有重蹈覆轍的可能。所以為了追求更幸福的未來，思考訓練是不可或缺的。

無論如何，我自己會認真又持續地思考，然後行動。

人活著是為了什麼？我認為是為了變得更幸福，而且不只是為了自己一人的幸福。因為人真正覺得幸福的時候，難道不正是因為可以為別人的幸福做出貢獻的時候嗎？

我認為「當人類可以為其他人的幸福貢獻己力時，才是最幸福的時候」。

我相信只要進行思考訓練的人愈來愈多，我們一定會更加幸福，社會的幸福總量也一定會水漲船高。

如果本書可以成為大家幸福的契機，那就是我最大的幸福了。

國家圖書館出版品預行編目

日本王牌律師的七門邏輯思考與說服傳達課／伊藤 真著；李貞慧譯.
—初版.—臺北市：商周出版：家庭傳媒城邦分公司發行，民106.11　224面；14.8×21公分
譯自：考える訓練　ISBN 978-986-477-314-5（平裝）　1. 思考　176.4　106014759

ideaman 98

日本王牌律師的七門邏輯思考與說服傳達課

從整理思緒、精準表達到解決人生大小問題，一生都受用的思考訓練

原書書名——考える訓練
作　　者——伊藤 真

譯　　者——李貞慧
企劃選書——何宜珍、呂美雲
特約編輯——呂美雲
責任編輯——何若文
版 權 部——黃淑敏、吳亭儀、翁靜如
行銷業務——闕睿甫、石一志
總 編 輯——何宜珍
總 經 理——彭之琬
發 行 人——何飛鵬

法律顧問——元禾法律事務所　王子文律師
出　　版——商周出版
臺北市中山區民生東路二段141號9樓
電話：(02) 2500-7008　傳真：(02) 2500-7759
E-mail：bwp.service@cite.com.tw
發　　行——英屬蓋曼群島商家庭傳媒股份有限公司城邦分公司
臺北市中山區民生東路二段141號2樓
讀者服務專線：0800-020-299　24小時傳真服務：(02)2517-0999
讀者服務信箱E-mail：cs@cite.com.tw
劃撥帳號——19833503　戶名：英屬蓋曼群島商家庭傳媒股份有限公司城邦分公司
訂購服務——書虫股份有限公司客服專線：(02)2500-7718；2500-7719
服務時間——週一至週五上午09:30-12:00；下午13:30-17:00
24小時傳真專線：(02)2500-1990；2500-1991
劃撥帳號：19863813　戶名：書虫股份有限公司
E-mail：service@readingclub.com.tw
香港發行所——城邦(香港)出版集團有限公司
香港灣仔駱克道193號東超商業中心1樓
電話：(852) 2508 6231傳真：(852) 2578 9337
馬新發行所——城邦(馬新)出版集團
Cité (M) Sdn. Bhd. (458372U) 11, Jalan 30D/146, Desa Tasik, Sungai Besi,
57000 Kuala Lumpur, Malaysia.
電話：603-90563833　傳真：603-90562833
行政院新聞局北市業字第913號

美術設計——copy
印　　刷——卡樂彩色製版印刷有限公司
經 銷 商——聯合發行股份有限公司　新北市231新店區寶橋路235巷6弄6號2樓
電話：(02)2917-8022　傳真：(02)2911-0053

2017年（民106）11月16日初版　Printed in Taiwan　定價300元　城邦讀書花園 www.cite.com.tw
2022年（民111）8月22日初版3刷

ISBN 978-986-477-314-5
商周出版部落格——http://bwp25007008.pixnet.net/blog

KANGAERU KUNREN
BY MAKOTO ITO

Idea
man